"十四五"职业教育国家规划教材

人民警察
忠诚教育概论

主 编
韩 勇

上海教育出版社
SHANGHAI EDUCATIONAL
PUBLISHING HOUSE

编委会

主　　编　韩　勇
副 主 编　赵杰英
编　　委　杨　青　龚海燕　陆俊青　汪　强
　　　　　　杨竞超　伍阿陆　左　杰　郑　凯
　　　　　　陶言华　姚东升　赵现娟　祁余杰
　　　　　　徐旭毅

前　言

　　一个民族拥有了崇高的价值追求,就拥有了走向复兴的航标;一支队伍拥有了崇高的价值追求,就拥有了立于不败之地的精神支柱。

　　人民公安自诞生之日起,就担负着特殊的政治使命,"忠诚"是人民警察最核心的政治基因。习近平总书记强调:"全面推进依法治国,必须大力提高法治工作队伍思想政治素质、业务工作能力、职业道德水准,着力建设一支忠于党、忠于国家、忠于人民、忠于法律的社会主义法治工作队伍,为加快建设社会主义法治国家提供强有力的组织和人才保障。"新时代公安工作和公安队伍建设中,"四个忠于"依然是公安机关不变的灵魂。

　　公安院校是我国高校和公安机关的重要组成部分,是培养党和人民忠诚卫士的总源头和重要基地。加强和改进高校思想政治工作,是一项十分重要的政治任务和战略工程。公安院校牢牢把握"公安姓党"这一根本政治属性,毫不动摇地坚持和加强党对公安工作的绝对领导,坚持政治建校、政治建警原则。"公安姓党"是公安机关的根本政治属性,是公安队伍永远不变的根和魂。政治性是公安院校的第一属性,讲政治是其第一要求,培养教育公安院校学生切实增强"四个意识"、坚定"四个自信"、做到"两个维护",自觉做到忠诚核心、拥戴核心、维护核心、捍卫核心,始终在思想上、政治上、行动上同以习近平同志为核心的党中央保持高度一致,坚决听从党中央命令、服从党中央指挥,确保政治上绝对忠诚,这是公安院校培养人的首要职责使命。我们应牢牢把握新时代公安工作的职责定位,忠实履行党和人民赋予的新时代职责使命。维护国家政治安全、确保社会大局稳定、促进社会公平正义、保障人民安居乐业,是党中央关于新时代公安工作的职责定位;坚决捍卫政治安全、全力维护社会安定、切实保障人民安宁,是党和人民赋予公安机关的新时代使命任务。

中国特色社会主义进入新时代,我国社会主要矛盾已经转化为人民日益增长的美好生活需要和不平衡不充分的发展之间的矛盾。面对我们党和国家所处的新的历史方位,公安工作和公安队伍建设的历史条件与工作、生活环境也发生了深刻变化,处在百年大变局的背景下,国际政治和思想文化领域的斗争日趋激烈,可以说公安机关并非处在社会真空中,相反与这个社会有着千丝万缕的联系,思想的多元化和市场经济的利益原则正猛烈地冲击着每个人的价值观、利益观。在这样的一个时代背景下,如何从思想上、政治上、组织上确保公安机关始终坚持党的绝对领导,确保"刀把子"牢牢掌握在党和人民手中,确保公安事业和队伍建设的科学发展,确保公安队伍在新时代依法有效履行职责,培育和践行人民警察忠诚观是重要且关键的一环。

加强人民警察忠诚教育,是贯彻习近平总书记关于公安工作的新要求,是实施"依法治国"和"以德治国"治国方略的需要,也是实现新的形势下公安机关依法有效履职的现实需要。公安院校作为人民警察合格人才的源头、出口和摇篮,不但要求公安院校学生训练有素、业务精通,而且更为重要的是要在实践中争做党和人民的忠诚卫士。意大利文艺复兴时期著名诗人但丁曾言:"道德常常能填补智慧的缺陷,而智慧却永远填补不了道德的缺陷。"忠诚是人类共同推崇的道德品质,也是共产党人基本的道德修养,是中国共产党长期磨炼出的政治品格。所以在对公安院校学生进行严格的公安业务训练之外,更为重要的是对学生进行思想政治教育,特别是人民警察忠诚观的培育,奠定良好的思想基础、政治基础和道德基础,提高政治判断力、政治领悟力、政治执行力,理解"两个确立"的决定性意义,扮演好党和人民忠诚卫士的角色。

上海公安学院高度重视学生的思想政治工作,始终将学生的思想政治工作纳入学院党委的议事日程。根据中共中央、国务院《关于加强和改进新形势下高校思想政治工作的意见》,结合公安院校新型警务人才培养目标,突出公安职业特点,我们在多年教学实践的基础上,编写了《人民警察忠诚教育概论》。本教材紧抓人民警察"忠诚"教育这根主线，以习近平新时代中国特色社会主义思想为指导，特别是以习近平总书记关于政法工作、政法队伍建设、公安工作、公安队伍建设等一系列重要讲话为依据，结合我党历代领导人关于公安工作和公安队伍建设的重要论述，结合公安部党委重要指示以及新形势下公安工作和公安队伍建设的实际，有重点地选取"忠诚"这一角度进行探究，力求对人民警察忠诚观作出较为深入的论述和阐释。本教材是加强和改进公安院校大学生思想政治教育的一项重要研究成果。

本教材主要内容由绪论加七个章节构成，由上海公安学院思想政治教研部组织校内师资编写。

本书编写组
2020 年 3 月
2022 年 12 月修订

CONTENTS | 目 录

绪　论 ·· 1

第一章　新时代建警治警的总要求 ·· 15
　第一节　公安工作指导理论创新发展的新境界 ······························ 15
　第二节　新时代建警治警总要求的核心要义 ·································· 18
　第三节　新时代公安工作的前进方向 ·· 20

第二章　忠于党：坚定理想信念、坚持党的领导 ···························· 29
　第一节　对党忠诚是人民警察的政治品质 ····································· 30
　第二节　对党忠诚的主要内容 ·· 39
　第三节　培育人民警察对党忠诚的特色方法 ·································· 45

第三章　忠于国家：培育爱国、献身的家国情怀 ···························· 51
　第一节　忠于国家是人民警察的基本要求 ····································· 51
　第二节　忠于国家的主要内容 ·· 57
　第三节　培育人民警察忠于国家的特色方法 ·································· 63

第四章　忠于人民：培养为人民服务的宗旨意识 ···························· 71
　第一节　全心全意为人民服务是公安机关的根本宗旨 ····················· 71
　第二节　忠于人民的主要内容 ·· 80
　第三节　培育人民警察忠于人民的特色方法 ·································· 87

第五章　忠于法律：树立权威、神圣的法律意识 ···························· 97
　第一节　忠于法律的重要意义 ·· 97

第二节　忠于法律的主要内容……………………………………101
   第三节　培育人民警察忠于法律的特色方法……………………107

第六章　忠于职业：培育尽职、奉献的敬业精神………………………119
   第一节　忠于职业的内在意蕴……………………………………119
   第二节　忠于职业的内涵和作用…………………………………123
   第三节　培育人民警察忠于职业的特色方法……………………127

第七章　人民警察忠诚教育的实践路径…………………………………136
   第一节　人民警察忠诚教育的重要路径——文化熏陶…………136
   第二节　人民警察忠诚教育的有效载体——榜样引领…………142
   第三节　人民警察忠诚教育的主要途径——仪式教育…………152
   第四节　人民警察忠诚教育的必要环节——岗位实践…………162

后　　记……………………………………………………………………175
修订后记……………………………………………………………………176

绪　　论

当前,中国特色社会主义进入了新时代,我们要不忘初心、牢记使命,把公安工作置于坚持和发展中国特色社会主义事业全局中来谋划。2017 年 5 月 19 日,全国公安系统英雄模范立功集体表彰大会上,习近平总书记从政治的全局的战略的高度,提出了对党忠诚、服务人民、执法公正、纪律严明的"四句话、十六字"新时代公安工作总要求,立意高远、内涵丰富、思想深邃,深刻揭示了公安机关的基本属性和公安队伍的职业特点,精辟回答了公安工作和公安队伍建设中带有根本性、原则性、方向性的重大问题,科学指明了我们党在新形势下建警治警的指导思想、基本原则和目标方向。

作为公安院校的大学生、未来的人民警察,我们应该如何践行对党忠诚这一根本政治要求?如何理解服务人民这一根本宗旨?如何确立执法公正这一核心价值取向?如何看待纪律严明这一鲜明职业要求?又该如何从整体上把握"四句话、十六字"总要求?

一、什么是忠诚

(一)忠诚之内涵

"忠诚"在《辞海》中的表述形式是对"忠"字的释义,即"忠"字本身就包含"忠诚"之义,是"尽心竭力"的意思。而"诚"属"言"部,有"真心实意"的意思,如"开诚布公""诚实"等。可见,"忠"更侧重于行为上的尽职尽责,而"诚"则偏向于心理上的真实诚恳。

> **微链接**
>
> 广大公安英雄模范身上体现的忠诚信念、担当精神、英雄气概,是中华民族伟大精神的真实写照。
>
> ——习近平

"忠诚"合用,始于唐代,但就其本源意义而言,"忠"本身具有"诚"的意蕴,而我国传统文化中对"忠诚"的表述，大多以"忠"字代之，如《忠经》中"天之所覆，地之所载，人之所履，莫大乎忠"，"为国之本，何莫由忠"，此两处"忠"皆通"忠诚"。

总之，"忠诚"内涵之历史演变，经历了从原始社会对自然和力量的敬畏，到阶级社会的忠于君主、忠于天命，再到现代社会对国家、对人民的信誓旦旦，对事业、对领导的尽心尽力，对朋友、对爱情的坚贞不渝。现代语境中的"忠诚"是对我国传统的忠诚文化的扬弃，是去其糟粕取其精华的"忠诚"，是赋予了时代意义的伦理规范、道德要求、政治素养和法律意识，是律己、待人、处事、为政的基本原则。

> **微链接**
>
> 我们共产党人的根本，就是对马克思主义的信仰，对共产主义和社会主义的信念，对党和人民的忠诚。立根固本，就要坚定这份信仰、坚定这份信念、坚定这份忠诚。
>
> ——习近平

忠诚，作为有着悠久历史的概念，在中国社会长期演进的历史过程中，逐渐成为社会伦理的最基本内容，处理政治生活中统治阶级与最高统治者君主之间关系的基本准则，也是现实生活中处理人际关系的一个基本范畴，已经成为一切社会品德中的最高品德，一切社会义务中的中心义务。忠诚作为基本的职业精神，尽职尽责是忠诚在行为上的标志。因此，忠诚不仅是一种政治品质、一种坚定信念、一种社会责任，也是一种行为规范，作为一种道德要求和道德义务，已覆盖了社会生活的方方面面。现代意义上的忠诚首先是一种人们内向的自我修养、自我完善的精神追求，由此产生出自觉地对他人、对社会的责任心和道德行为，然后由内向外，由此及彼。

（二）如何理解忠诚

今天，从党的施政纲领到社会生活各领域，"忠诚"已是一个使用频率很高的词语。经过扬弃的忠诚，以情感认同作为其理性基础，以理智服从作为其实现条件，以无私奉献作为其价值取向，已经形成一种共同心理和群体意识以及备受推崇的思想行为规范。

忠诚的理性基础是认同。认同即"合意"，是一种心理认知活动，是人在现实生活中对"对象"做出物质利益、精神利益关系的过滤以后形成的感情和理性上的肯定性态度。这是激发忠诚的逻辑起点，也是忠诚行为的动机所在。认同既包括主体对"忠诚"这一道德规范的认同，又包括主体对忠诚对象的认同。

忠诚的实现条件是服从。服从，是指个体出于自愿或为避免压力、挫折、冲突和惩罚等心理因素，在外界刺激的基础上，对他人（或群体）的观点、意见、要求、命令或组织的规章制度做出的一致性和顺从性回应。对规范的服从才会使社会稳定、有序、和谐；对真理的服从才会使人类具有理性；对理想信念的服从才会有人类的开拓创新；对社会群体的服从才会有人类的凝聚力和向心力。忠诚作为一种调节人与人之间、人与社会之间关系的道德规范，必然要求忠诚主体对忠诚对象自觉地、积极地服从。

忠诚的价值指向是奉献。奉献，是指为了正义和真理，为了国家、集体和他人的利益，个人能自觉地让渡、舍弃自身利益的一种高尚品格。其具有两个显著的特征：一是谦让性，即在个人利益与他人利益、社会集体利益发生冲突时，个人能够让渡自身利益；二是高度的自觉性，即奉献行为是一种高度自律的行为。无私奉献是道德的最高境界，是忠诚道德规范的必然要求，同样也是忠诚主体的价值选择。

我们今天讲忠诚，应以认同作为其理性基础，以服从作为其实现条件，以奉献作为其价值取向。它是处理人际关系的基本的道德规范，是一种群体意识和共同心理，已成为民族凝聚力的精神要素。显然，它符合安定团结、全面建设社会主义现代化强国的需要，应予以肯定和发扬。

二、人民警察如何坚持忠诚

（一）明确人民警察忠诚内容

忠诚作为一种价值观，在不同的时代、不同的行业有不同的内容。在新的历史条件下，结合公安机关性质、任务、使命、职责等，人民警察忠诚的内容主要包括忠于党、忠于国家、忠于人民、忠于法律、忠于职业等几个方面。

忠于党是指人民警察对党的事业，特别是公安事业忠心耿耿。公安队伍是党绝对领导下的武装性质的纪律部队，对党忠诚是人民警察的政治本色和最高精神境界，也是公安队伍的本质属性。因此，在公安工作和公安队伍建设中，体现对党忠诚，就是要求人民警察要忠于中国特色社会主义事业，坚决拥护中国共产党的领导，任何时候任何情况下都坚决听党指挥，绝不动摇；高举中国特色社会主义伟大旗帜，坚定中国特色社会主义理想信念；在思想上、政治上和行动上同党中央保持高度一致。

忠于国家是指人民警察在警务活动中把国家的利益放在首位，视祖国的荣誉高于一切,核心是对祖国具有高度爱国主义情感。人民警察只有忠诚于国家,才能突显其忠于祖国的责任意识,以强烈的使命感积极开展工作,维护社会大局稳定。

忠于人民是指人民警察在警务活动中把人民的利益作为一切工作的出发点和归宿,全心全意为人民利益而工作的职业精神和忠诚行为。人民警察只有忠诚于人民,党的"立党为公、执政为民"的理念才会转化为公安机关立警为公、执法为民的自觉行动,保障人民安居乐业的重任才能在公安工作中得到有效落实。

忠于法律是指人民警察在警务活动中无论面对什么情况,都应毫不动摇地按照法律的要求行事,使执法行为始终以法律为准则,不以法律赋予的职权牟取私利,更不能以个人的情感代替法律。忠诚于法律是人民警察的制度要求和职业规范,是忠诚于国家、忠诚于人民的制度保障,也是人民警察政治本色的具体体现。

忠于职业是指人民警察对事业的献身精神和忠诚意识,是对事业执着追求的责任心和使命感,是热情的劳动态度和精益求精的工作作风。职业忠诚集敬业、乐业、勤业、精业于一身,是人民警察对自己所从事的工作和职业发自内心的尊重、热爱等情感及终身愿意为之献身的精神的有机统一。

人民警察的忠诚行为需要严明的纪律作保证。因为人民警察是担负特殊职责和执法任务的政治性职业组织,人民警察要以最严格的纪律,保证始终站在党和人民的立场上履行职责,绝对忠诚于党,忠诚于人民。人民警察的政治纪律,在人民警察的纪律规范中居于首要地位,是最重要的纪律。

立足新时代建警治警总要求和公安机关的政治责任,人民警察必须忠于党、忠于国家、忠于人民、忠于法律、忠于职业。其中,忠于党是忠于国家、忠于人民、忠于法律、忠于职业的政治前提,是实现祖国强盛、维护人民利益、捍卫法律权威的政治基础;忠于国家、忠于人民、忠于法律、忠于职业是忠于党的利益归宿,是党的意志的价值体现。因此,忠于党、忠于国家、忠于人民、忠于法律、忠于职业就是要求人民警察在党的绝对领导下,以为人民服务为宗旨,以宪法和法律为活动准则,维护国家和人民的利益,切实履行职责使命。

(二)践行人民警察忠诚使命

人民警察是国家意志的执行者、社会稳定的维护者、人民安全的守护者,对人民警察忠诚度的要求往往会比普通公民和一般公务员更高更严。《中华人民共和国人民警察法》第四条规定:"人民警察必须以宪法和法律为活动准则,忠于职守,清正廉洁,纪律严明,服从命令,严格执法。"2021 年 11 月,公安部组织对《人民警察入警誓词》进行了修订,形成并公布了《公安机关人民警察誓词》。其中,人民警察的忠诚既有职业精神追求,又有职业道德要求,还包括政治素养和法律义务。可以说,忠诚,是融入血脉的人民警察之魂,是公安队伍代代相传的政治基因,是执法为民的法律衡器和宝剑,是视党的事业、人民利益、宪法法律高于一切的信仰之基。

 阅读窗

公安机关人民警察誓词

我是中国人民警察,我宣誓:坚决拥护中国共产党的绝对领导,矢志献身崇高的人民公安事业,对党忠诚、服务人民、执法公正、纪律严明,为捍卫政治安全、维护社会安定、保障人民安宁而英勇奋斗!

人民警察的忠诚是人民警察对上级权力主体和更高价值主体的服从、尽责和尊崇。人民警察的忠诚包括行政忠诚和政治忠诚两个方面。行政忠诚是人民警察对所在组织和上级领导的忠诚。行政忠诚主要是工作上的忠诚,服从于组织和上级的指挥,尽职尽责地协助组织和上级实现工作目标,有效地去完成具体工作任务。政治忠诚是人民警察对党、国家、人民和法律的忠诚。政治忠诚是一种政治信念、政治追求,是最高层次的忠诚,是人民警察忠诚的最高原则和最根本尺度,"行政忠诚必须服从、服务于这一忠诚"。①

公安机关肩负着维护国家政治安全、确保社会大局稳定、促进社会公平正义、保障人民安居乐业的神圣使命。公安机关的性质和所承担的政治责任和社会责任决定人民警察追求的政治信念是对党、对国家、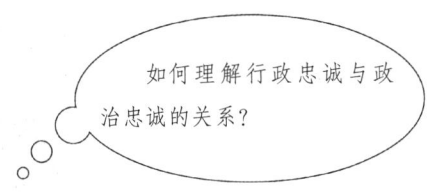
对人民、对法律的忠诚。正是每一位人民警察具有政治忠诚的品质,公安机关的权力才得以正常运转,行政命令才得以贯彻,行政的效率才得以实现和提升。因此,要把坚持政治建警放在公安队伍建设的首位,把忠诚作为警魂。

---

① 罗能生.行政忠诚及其冲突的化解[J].湖湘论坛,2005(1).

在警务活动中,政治忠诚通过行政忠诚表现出来。人民警察的行政忠诚是对所在组织和上级领导的忠诚。有位外国专家对这一忠诚有一个十分独特的解释:当我们争论一个问题时,忠诚意味着你把真实想法告诉我,不管你认为我是否喜欢它,意见是否一致。一旦作出了决定,争论终止,忠诚意味着按照决定去执行,就像执行自己的决定一样。根据这个解释,忠诚问题应划分为两个阶段:决策阶段和执行阶段。在决策阶段,作为下属最大的忠诚是提供情况和观点,而不应该顾及上司的喜欢与否;"在执行阶段,作为下属最大的忠诚是对决策坚定不移的执行上"。①

人民警察的行政忠诚,就在于服从组织和上级的指挥,尽职尽责地协助组织和上级实现工作目标,有效地去完成具体工作任务。对组织和上级的忠诚,是公安系统内在的要求,是组织有效运行的必要条件。因此,当人们选择了警察职业,担任了人民警察的角色,也就应该选择对组织、对上级服从和忠诚的行为方式。然而,人们在具体履行忠诚义务时,却常常面临一些矛盾和冲突。比如,当上级发出的指令是错误或者不完全正确的时候,是信守忠诚、顺从上级意志,还是坚持自己的道德良知和社会正义而拒绝上级意志,甚至与上级抗争?当多个层次的上级指令或者意愿不一致时,人民警察个体应该去忠于谁?这些矛盾和冲突常常使人民警察的忠诚行为陷入困境。如何正确认识和处理忠诚过程中的矛盾和冲突,是人民警察正确履行忠诚义务需要解决的关键问题。因此,当人民警察面对多种选择情境和多方面的忠诚要求时,他们应该根据人民警察忠诚最高原则和根本尺度作为自己行为选择的最高准则,"行政忠诚归根到底应该服从、服务于政治忠诚"。②

谈忠诚

(来源:中国共产党新闻网)

---

① 许晓平.领导·组织·战略[M].北京:红旗出版社,2003:97.
② 罗能生.行政忠诚及其冲突的化解[J].湖湘论坛,2005(1).

在正常的情形下，人民警察个体应该坚持对上级命令的绝对服从，没有人民警察的服从与忠诚，公安体系就无法有效运行。但是，对于上级违法作出的决定和命令，下级不仅没有服从的义务，还应该坚决地抵制、揭发和反对。也就是说，下级有责任通过合法途径和程序，采取必要的措施和手段，积极影响上级修正或改变他们已作出的错误的或违法的决定和命令。根据《中华人民共和国人民警察法》第三十二条规定，人民警察对于上级错误的决定和命令，可以提出建议，但无权修改或拒绝执行，只是由上级承担领导责任而已，这样，人民警察的忠诚（服从）义务可能演变为对上级的服从，因为服从上级，可以免除自己的责任。但是，《中华人民共和国公务员法》第六十条规定"公务员执行明显违法的决定或命令的，应当依法承担相应的责任"。人民警察个体对上级命令的有限忠诚是以上级的决定和命令有可能违法这一假设为前提的。它需要警察个体在服从上级的决定和命令之前对之进行合法正当性的理性判断和谨慎鉴别。做到这一点很不容易，它有赖于人民警察个体的政治自主性、行政判断能力和政治伦理品质等诸多政治素质，也依赖于社会政治生活环境的健康和有序。当然，从根本意义上讲，在人民警察个体对其上级命令的服从过程中，人民警察个体的政治伦理品质起着十分关键的作用。只要是一个有健全和高尚政治品德的人民警察个体，无论外在的政治环境或条件如何，最终让其做出忠诚行动的不是外在的或上级的强制和命令，而是他们内心的政治良知，所谓"出淤泥而不染"讲的正是这个道理。

总之，忠诚作为人民警察的职业精神的核心，不仅仅是行为上对所在组织和上级领导的服从和尽责，更是精神情感上对党、国家、人民和法律的一种尊重、崇敬乃至信念。因此，人民警察忠于党、忠于国家、忠于人民、忠于法律的政治信念、政治追求，寓于大量的日常警务工作中所履行的对组织和上级领导的服从和尽责之中。和平时期，公安民警成了牺牲负伤人数最多的群体，可以说"天天有牺牲，时时有流血"。新时期的人民警察以巨大的牺牲和奉献，捍卫了中国共产党的坚强领导，维护了国家的政治安全，确保了社会大局稳定，促进了社会公平正义，保障了人民群众的根本利益，无愧于"党和人民的忠诚卫士"这一称呼。

> 阅读窗
>
> **公安心向党　护航新征程**
>
> 2021年,公安部精心组织开展"公安心向党　护航新征程"等主题宣传活动,刑侦专家崔道植同志获授"七一勋章"、基层干部潘东升同志获评"时代楷模",全国公安机关表彰先进集体1.2万余个、先进个人7.3万余人次,其中67名个人和集体获得了国家级表彰,公安部记集体一等功599个,授予(追授)一、二级英模582名。大力加强公安人才队伍建设,首次建立公安部部级专家人才库,2600名专家人才遴选入库,其中有11人享受国务院政府津贴。坚持从优待警,强化对公安英烈家属、公安英模和因公牺牲民警辅警家庭,以及受疫受灾民警辅警家庭的关心关爱;组织走访基层民警辅警和一线单位38万余人(个),颁发"光荣在党50年"纪念章,表彰首届100名"最美老警官"。

三、忠诚是履行人民警察职责使命的客观要求

新形势下政法工作的原则、方向、目标和任务,是当前和今后一个时期统领政法工作的科学指南和行动纲领。各级公安机关和广大公安民警要紧紧围绕完善和发展中国特色社会主义制度、推进国家治理体系和治理能力现代化总目标,牢牢把握促进社会公平正义、增进人民福祉总要求,坚持改革创新,强化民意导向,以夯实基层基础为根本,以提升能力素质为核心,以完善制度机制为保障,深入推进平安中国、法治中国、过硬队伍建设,着力提升人民群众安全感、满意度和公安机关公信力,为全面深化改革创造安全稳定的社会环境、公平正义的法治环境和优质高效的服务环境。这也对人民警察履行职责使命提出了新的更高要求。

第一,积极创新社会治理方式。要紧紧围绕保障人民安居乐业的根本目标,积极创新社会治理方式,确保社会大局持续稳定,让老百姓居家更安心、出行更放心、办事更舒心。要坚持专项打击与整体防控相结合,主动顺应人民群众对社会平安新期待,积极适应大数据时代新特点,牢固树立民意引领、情报主导警务的新理念,不断创新打击犯罪机制,健全完善治安防控体系,大力加强基层基础工作,更快破大案、更多破小案、更好控发案,不断提升人民群众的安全感。坚持保障安全与服务民生相结合,依法履行安全管理职责,严格落实消防安全、道路

交通安全和重大活动安全管理措施,切实增强公共安全管理效能,确保人民群众生命财产安全。

 阅读窗

《关于全面深化公安改革若干重大问题的框架意见》及相关改革方案的主要内容

【七大任务】

全面深化公安改革共有七个方面的主要任务、100多项改革措施。一是健全维护国家安全工作机制,二是创新社会治安治理体制,三是深化公安行政管理改革,四是完善执法权力运行机制,五是完善公安机关管理体制,六是健全人民警察管理制度,七是规范警务辅助人员管理。

【三个方面】

全面深化公安改革聚焦三个方面:一是着力完善现代警务运行机制,提高社会治安防控水平和治安治理能力,提高人民群众的安全感;二是着力推进公安行政管理改革,提高管理效能和服务水平,从政策上、制度上推进更多惠民利民便民新举措,提高人民群众的满意度;三是着力建设法治公安,确保严格规范公正文明执法,提高公安机关执法水平和执法公信力,努力让人民群众在每一项执法活动、每一起案件办理中都能感受到社会公平正义。

第二,为改革发展创造安全稳定的社会环境。要坚持围绕中心、服务大局,坚定不移地支持改革、服务改革,努力为全面深化改革创造安全稳定的社会环境,同时不失时机地推进公安改革,使公安工作更好地适应经济社会发展要求。要以农业转移人口市民化为方向,以基本公共服务常住人口全覆盖为保障,坚持以人为本、尊重自愿,坚持区别情况、分类实施,坚持消化存量、有序推进,积极稳妥地推进户籍制度改革。要以创造良好发展环境为目标,以提供优质公共服务为方向,进一步推进公安行政管理改革及行政审批制度改革,完善服务经济发展政策,创新行政管理服务方式,提高服务管理水平,增强社会创造活力。人民警察只有进一步发挥自身的职能和优势,积极参与和支持国家经济建设,为经济社会发展作出新贡献,才能更好地展示威武之师、文明之师的良好形象和忠诚卫士的风采。

第三,不断推动"阳光执法"。要牢牢把握促进社会公平正义这一核心价值追求,以建设法治公安为目标,以深化执法规范化建设为载体,切实把法治原则贯穿到各项公安工作中,把严格公正文明执法体现到每一项执法活动中,不断提升公安机关执法水平和执法公信力。要完善人权司法保障制度,健全行政执法与刑事司法衔接机制,加强实践中急需的法律政策研究,积极构建科学完备的执法制度体系,着力规范执法行为,严格执法安全管理和执法监督,深入推进警务公开,让执法权力在阳光下运行。大力加强执法教育培训,使广大民警既认真学法、知法、懂法,又严格执法、善于用法,不断增强法律素养、提高执法能力,努力实现法律效果、政治效果和社会效果的有机统一。

第四,扮演好党和人民的"刀把子"角色。面对复杂的对敌斗争实际,要求人民警察在坚决打击敌对势力的破坏活动中充分发挥国家专政工具的作用,扮演好党和人民的"刀把子"角色。要坚持从严治警,毫不松懈地抓好队伍建设,不断提升公安队伍的整体素质和战斗力,努力打造一支信念坚定、执法为民、敢于担当、清正廉洁的公安队伍。当今世界仍很不安宁,各种矛盾错综复杂,影响和平与发展的不稳定、不确定因素依然存在。西方敌对势力从未放弃对我国实施"西化""分化"的政治图谋,他们通过各种手段加紧对我国进行渗透、破坏、颠覆活动。"三股势力"在我国周边一些地区仍然比较猖獗,特别是一些企图颠覆、分裂国家的敌对势力,不断变换手法进行捣乱破坏,直接威胁我国国家安全和社会稳定。坚持政治建警方针,强化理想信念教育,创新思想政治工作,确保公安队伍永葆忠于党、忠于国家、忠于人民、忠于法律的政治本色。复杂的对敌斗争形势对人民警察稳、准、狠地打击敌对势力的破坏活动提出了更高的要求。要着力提升领导干部科学判断形势、准确把握大局、驾驭复杂局势的能力和实战决策指挥、严格公正执法、科学管理队伍的水平,着力提升广大民警的执法能力、实战本领和职业素养,只有把广大人民警察培养成为党和人民的忠诚卫士,才能确保公安队伍拉得出、冲得上、打得赢。

四、人民警察忠诚教育的主要特征

忠于党、忠于国家、忠于人民、忠于法律、忠于职业是公安机关政治使命和人民警察角色的现实要求,在公安院校大学生中开展忠诚教育是促进公安队伍建设的政治保证,是公安院校政治建警、政治建校的必然举措。与公安院校的专业教学相比,忠诚教育明显不同于知识教学、技能培养,其所内含的显性育人功能也不同于课程教学的隐性育人功能,因而具有比较鲜明的特征。

（一）忠诚教育是一种政治教育

公安院校大学生作为未来的人民警察，忠诚教育的成效将在很大程度上决定公安队伍建设的成败，决定公安队伍的可持续发展，关系到维护国家政治安全、确保社会大局稳定、促进社会公平正义、保障人民安居乐业的职责使命。立足公安机关的政治职能，在公安大学生中开展忠诚教育是公安院校教育教学和日常管理的必然要求，是大学生思想政治教育的重要内容。但忠诚教育已不是一般意义上的思想政治教育，也不简单等同于普通院校的职业忠诚教育，已经超越了知识传授和技能培养的功能，上升到政治建警的高度，并与人民警察的思想素质、政治本色以及公安机关的重大责任紧密联系，成为公安院校思想政治教育和政治工作的重要任务和鲜明特色。

忠诚教育离不开系统的理论教学，离不开大学生的自我教育，但作为一种政治教育，忠诚教育更需要结合法律法规、方针政策和公安工作的实际制定出具有针对性的教育制度，需要教育工作者在日常的学习、生活等方面持续全面地灌输。公安院校大学生要积极投身火热的社会生活和公安工作的第一线，在实践中感受忠诚教育的真实性和重要性，从而将忠诚教育上升为自觉认同和自觉行动。这样，公安院校大学生才会更加明确自身的政治使命，积极主动地接受忠诚教育，培养忠诚意识，自觉地强化潜心学业、增长才干的内在动力，增强拒腐防变和服务于公安事业的能力。

（二）忠诚教育是一种纪律要求

纪律严明是警察职业的必然要求，必须按照纪律部队的标准建设人民警察队伍。我国人民警察作为人民民主专政的重要工具之一，历来把严格纪律放在自身建设的突出位置，不断推进人民警察纪律建设，是人民警察忠诚教育的内在要求。

人民警察作为一支纪律部队，纪律建设在人民警察自身建设中所处的地位，是由警察这一特殊职业群体的固有性质决定的。其一，人民警察担负着特殊的工作任务，在打击敌人、保护人民、惩治犯罪、维护治安的艰巨斗争中，长年处于戒备状态，随时都会投入战斗，经常会有流血牺牲。要保持人民警察的高度集中统一和坚强的战斗力，必须严明纪律要求。其二，人民警察代表国家行使职权，履行行政执法和刑事司法的特殊职责。要做好人民警察执法工作，就要加大组织纪律的约束，不断规范和矫正人民警察的执法行为，做到依法执法、遵纪执法。因此，严明人民警察纪律要求，是人民警察坚持严格执法、公正执法的必然要求和可靠保证。其三，人民警察面对特殊的工作环境，大量接触社会阴暗面，容易受到不良思想和腐朽生活方式的侵蚀和影响，面临特殊的职业风险。人民警察只有严明纪律，大力推进纪律建设，才能保持自身的高度纯洁，在错综复杂的腐蚀与反腐蚀的斗争中"出淤泥而不染"，经受住忠诚考验。其四，人民警察具有特定的职业身份，处于特殊的社会地位，是党和政府联系人民群众的重要"窗口"和"纽带"，也是社会高度关注的"公众群体"。人民警察要在社会上树立良好的公众形象，必须严明纪律，切实抓好自身纪律建设，特别是要清除少数"害群之马"，保持队伍的高度纯洁性和忠诚度。这样，才能提高执法公信力，构建和谐警民关系，树立和维护人民警察的执法权威和良好形象。

人民警察纪律作为人民警察必须遵守的行为规则，与人民警察业务工作高度融合，并且渗透和贯穿到人民警察工作的各个部位、各个层面和各个环节，是人民警察工作中应当遵循的行为规范。人民警察作为一支纪律部队，如果没有严格的纪律作保证，就会成为一盘散沙，也就谈不上形成应有的战斗力，更无法体现人民警察的职业忠诚。人民警察能否自觉遵守纪律，是其政治素质、思想意识、组织观念、道德水准、作风修养的综合反映，是人民警察忠诚教育成效的具体体现。

（三）忠诚教育是一种道德实践

公安工作是一项政治使命，也是一种社会活动。人民警察是一种制度角色，也是一种职业分工，和其他从业人员一样，人民警察在工作中应遵循反映自身职业特点的行为准则和伦理规范。

人民警察在职业活动中的道德是非，不但涉及国家的安危、政府的形象、公众的利益，而且产生极大的示范性，影响着整个社会的道德风貌，因而理当接受更加严格的道德规范的约束。忠诚教育集中概括了《人民警察职业道德规范》最为核心的内容，反映了公安工作的本质特征，并作为一种动力机制提升着人民警察的知识和技能。人民警察只有在日常工作中永葆忠诚意识，才能更加自觉遵循相应的职业道德，提高职业技能，有效开展工作，提高工作绩效，树立起应有的职业声誉和社会形象。

公安院校是预备警官的摇篮，帮助他们树立起正确的职业道德观念，决定着未来人民警察的素质，关系到社会的稳定和国家的安危。公安院校大学生作为公安机关的生力军，是人民警察职业道德的实践主体，开展忠诚教育是学习、理解和实践人民警察职业道德规范的重要途径。

公安院校大学生要充分认识到忠诚教育的职业精神和道德意境，充分认识到自身的职业归属感和社会责任感,主动增强事业心,积极投身公安实践,并自觉地将自己的目前任务、理想抱负与公安事业的未来、社会的和谐发展和国家的前途命运结合起来,积极承担起相应的道德责任,并在实践中逐步将忠诚教育转化为情感认同、道德自觉,模范遵守人民警察的职业道德,为未来的职业行为奠定坚实的道德基础。

（四）忠诚教育是一种文化熏陶

任何行业在长期的发展过程中都会形成一种反映本行业独特追求和道德意境、持久规范职业行为的行业文化。中国特色的警察文化作为公安工作的长期积淀,一般可以从人民警察的行为、制度和精神等方面进行考察。其中,警察精神作为人民警察行为和制度的精髓,是警察文化中更高层次、更加稳定的形式,是以人民利益为核心的意识形态,具有鲜明的政治性和阶级性,因而能够对警察的价值观念产生深远影响。忠诚教育作为一种价值诉求,构成了警察文化最为核心的成分,其蕴含的政治理念、精神内涵不仅能够将忠诚教育中的价值诉求转化为公安机关的组织制度,外化为公安工作中的职业情感和具体行动,而且在树立正确价值观、丰富警察精神、涵养警察意识、陶冶职业情操等方面产生一种潜移默化的熏陶,从而促进组织制度的完善,规范人民警察的执法行为,提高公安队伍建设效能。在公安院校大学生中开展忠诚教育,既有显性教育优势,又有独具警营特色的校园文化的隐性教育资源。高度重视公安院校忠诚教育的综合优势,发掘其促进大学生全面发展的人文价值,让大学生在日常的学习、生活中以独立价值主体的身份接受忠诚教育的文化熏陶,不仅有助于提升大学生的人格,丰富其精神家园,突显其主体地位和职业归属感,形成良好的校风学风,促进公安院校的教育教学,而且可以帮助他们明确人民警察的政治责任和社会责任,使其树立宗旨意识,强化法治观念,对于纯洁公安队伍、提高公安机关的凝聚力和战斗力产生积极影响。

公安院校大学生要突出忠诚理念培育,主动接受忠诚教育,善于以辩证发展的眼光观察问题,不断深化忠诚意识的感悟,严于用政治纪律、政治规矩严格要求自己,理解"对党忠诚、服务人民、执法公正、纪律严明"的核心要义,自觉提升对新时代忠诚内涵的认识。要注重理论联系实际,把理论外化为行为。公安忠诚观来源于实践,又服务于实践,既要求行为转化,又强调行为训练。

当我们成为执法行为主体时,必须以坚定的政治认同为人民警察践行忠诚承诺的理性基础,必须以积极的政治服从为人民警察践行忠诚承诺的现实条件,

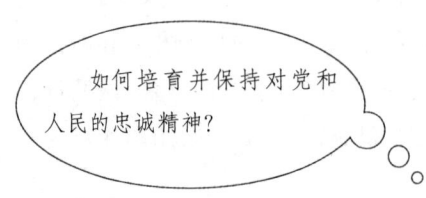

必须以自觉的奉献精神为人民警察践行忠诚承诺的价值取向,必须以高尚的道德情操和高度的自律行为在公安忠诚实践中身体力行,使忠诚行为成为人民警察持久稳定的警务行为。

人民警察忠诚理念的培育是一个永恒的主题。通过积极的忠诚情感孕育,使这种情感在现实中得到践履,随着不断的实践使情感逐渐加深,进而完善忠诚的美德行为,慢慢形成人民警察的忠诚精神。

【思考与实践】

1. 如何理解忠诚?
2. 如何理解人民警察的忠诚?
3. 简述人民警察忠诚教育的主要特征。
4. 主题活动:以警察荣誉为主题,选取《警察荣誉》《扫黑风暴》等感兴趣的影视作品中那些击中内心的金句、片段,制作影视作品金句赏析微视频,分小组在课堂分享,每组时间3分钟左右。

第一章 新时代建警治警的总要求

习近平总书记在准确把握公安工作和公安队伍建设规律特点的基础上,从政治的全局的战略的高度,明确提出了对党忠诚、服务人民、执法公正、纪律严明的"四句话、十六字"总要求,立意高远、内涵丰富、思想深邃,深刻揭示了公安机关的基本属性和公安队伍的职业特点,精辟回答了公安工作和公安队伍建设中带有根本性、原则性、方向性的重大问题,科学指明了我们党在新形势下建警治警的指导思想、基本原则和目标方向。这"四句话、十六字"总要求,是习近平新时代中国特色社会主义思想的重要组成部分,是新形势下加强公安工作和公安队伍建设、推进国家治理体系和治理能力现代化的科学指南。

作为公安院校的学生、未来的人民警察,我们应该如何从整体上把握"四句话、十六字"总要求?在日常学习生活中,又该如何体现和践行?

【学习目标】
了解新时代建警治警总要求提出的背景,掌握新时代建警治警总要求的核心要义,从总体上把握其深刻内涵和意义。

【学习重点】
掌握新时代建警治警总要求的核心要义。

【学习难点】
理解新时代建警治警总要求的意义。

第一节 公安工作指导理论创新发展的新境界

2017年5月19日,全国公安系统英雄模范立功集体表彰大会在北京人民大会堂隆重召开。会前,习近平总书记亲切接见大会代表并发表了重要讲话,充分肯定了党的十八大以来公安工作取得的突出成绩,高度评价了公安队伍作出的无私奉献,强调全国公安机关和公安队伍要坚持党对公安工作的领导,牢固树立"四个意识",坚持人民公安为人民,全面加强革命化、正规化、专业化、职业化建设,做到对党忠诚、服务人民、执法公正、纪律严明。

一、把握新时代公安工作和队伍建设的新特点

习近平总书记的重要讲话,情真意切,语重心长,饱含着对广大公安民警和公安现役官兵的深切关怀,寄托着对人民公安事业的殷切期望。在深刻洞察、准确把握新时代公安工作和队伍建设的特点的基础上,提出了新时代公安工作的总要求。

习近平总书记指出,公安队伍是一支有着光荣传统和优良作风的队伍,也是一支英雄辈出、正气浩然的队伍。全国公安机关高举中国特色社会主义伟大旗帜,深入贯彻党中央治国理政新理念新思想新战略,坚持围绕中心、服务大局,全面推进公安改革,打赢了一场又一场硬仗,为维护国家安全和社会稳定作出了突出贡献。公安队伍忠诚党和人民事业,牢记使命、忠实履职、顽强拼搏、无私奉献,涌现出了一大批英雄模范。

习近平总书记强调,在这些英雄模范当中,有的在打击犯罪、保护人民的关键时刻挺身而出、冲锋在前,有的在重大安保任务面前不怕疲劳、连续奋战,有的长期默默无闻、甘当无名英雄,有的在平凡工作岗位上像老黄牛一样辛勤耕耘、当好"螺丝钉",大家用辛勤的汗水乃至宝贵的鲜血和生命,为国家安全、社会公共安全、人民生命财产安全筑起了一道坚不可摧的铜墙铁壁。正是有了他们的辛勤付出和流血牺牲,才换来了广大人民群众的安宁和幸福。

习近平向中国人民警察队伍授旗并致训词

(来源:环球网)

习近平总书记指出,社会有正气,民族才会生生不息,国家才会兴旺发达。和平年代,公安队伍是一支牺牲最多、奉献最大的队伍,大家没有节假日、休息

日,几乎是时时在流血、天天有牺牲。这些年来,每当看到公安民警舍生忘死、感人肺腑的事迹,他都深受感动;每当听到公安民警在血与火、生与死的考验面前赴汤蹈火、流血牺牲的消息,他都深感心痛。广大公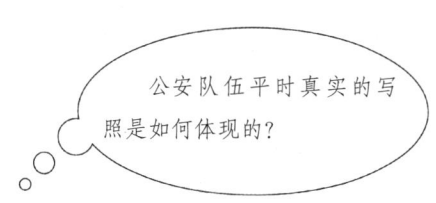

公安队伍平时真实的写照是如何体现的?

安英雄模范身上体现的忠诚信念、担当精神、英雄气概,是中华民族伟大精神的真实写照。当高楼大厦在我国大地上遍地林立时,中华民族精神的大厦也应该巍然耸立。

习近平总书记指出,中国共产党的中心任务就是团结带领全国各族人民全面建成社会主义现代化强国、实现第二个百年奋斗目标,以中国式现代化全面推进中华民族伟大复兴。我们要在全社会大力弘扬公安英模精神,推动培育和践行社会主义核心价值观,凝聚起全国各族人民为中国特色社会主义事业共同奋斗的磅礴力量。

习近平总书记指出,全国公安机关和公安队伍要旗帜鲜明讲政治,强化责任担当,忠实履行职责使命,牢固树立以人民为中心的发展思想,贯彻落实总体国家安全观,全力以赴做好维护国家安全和社会稳定的各项工作,维护社会公平正义,切实落实全面从严治党、全面从严治警各项部署要求,不断提升人民群众安全感和满意度,创造安全稳定的社会环境。

习近平总书记指出,各级党委和政府要关心和支持公安工作,关心关爱公安民警,加大综合保障力度,落实从优待警各项措施。对那些因公牺牲的同志的家属特别是其中的老年人和未成年子女,要切实安排好、照顾好,让他们感受到党和人民的关怀和全社会的温暖。

二、开辟党的公安工作指导理论创新发展的新境界

我们党在不同的历史时期总会根据形势任务的发展变化及时提出公安工作和公安队伍建设的目标要求,以此引领公安事业不断向前发展。毛泽东同志从马列主义基本原理出发,结合中国的具体实际,鲜明地指出公安机关是人民民主专政的重要工具,提出了"公安机关是无产阶级手里的一把刀子""人民公安机关必须永远置于无产阶级政党的领导和人民群众的监督之下""一切工作都要走群众路线,公安工作也要走群众路线""公安队伍质量必须精干"等重要思想。新时期,邓小平同志丰富和发展了毛泽东的公安工作思想,对公安工作的性质、地位、

职能、根本原则、根本路线、队伍建设、政策和策略进行了系统全面的论述。江泽民同志强调维护稳定是压倒一切的工作,公安机关作为人民民主专政的重要工具和维护社会稳定的专门力量,要为维护稳定、维护治安,保证改革和建设的良好社会环境作出贡献。胡锦涛同志要求进一步加强和改进公安工作和公安队伍建设,切实履行好巩固共产党执政地位、维护国家长治久安、保障人民安居乐业的重大政治责任和社会责任。习近平同志在准确把握公安工作和公安队伍建设规律特点的基础上从政治的全局的战略的高度,鲜明地提出"对党忠诚、服务人民、执法公正、纪律严明"的"四句话、十六字"总要求,是对我们党公安工作指导理论的继承和发展,是对我们党建警治警成功经验的深刻总结,还是对新时代公安工作和公安队伍建设内在规律的深刻揭示。

"对党忠诚、服务人民、执法公正、纪律严明",是习近平总书记从政治的、全局的、战略的高度对新时代公安工作提出的总要求,与以习近平同志为核心的党中央治国理政新理念新思想新战略一脉相承,是习近平新时代中国特色社会主义思想的重要组成部分,开辟了党的公安工作指导理论创新发展的新境界;全面回答了公安工作和公安队伍建设中带有根本性、原则性、方向性的重大问题,是建警治警的指导思想、基本原则和目标方向,是党的公安工作指导理论创新发展的新境界,是新时代建警治警的总方略、立警从警的座右铭。

第二节　新时代建警治警总要求的核心要义

从新时代建警治警总要求的核心要义角度来认识与理解,"四句话、十六字"立意高远、内涵丰富、思想深邃,深刻回答了新时代公安工作和公安队伍建设"听谁指挥""为谁服务""怎样执法""如何做警"等基本问题,是一个科学完备的理论体系,体现了党性和人民性、价值导向和职业追求、发展目标和建设路径的高度统一。其核心要义可理解为,对党忠诚是政治灵魂,决定着公安机关的政治站位,体现着政治建警的根本方针,是公安队伍第一位的政治要求;服务人民是根本宗旨,决定着公安机关的性质本色,体现着公安队伍的立警原则,是人民公安永远不变的路线遵循;执法公正是价值取向,决定着公安机关的履职方向,体现着法治公安的本质要求,是公安队伍必须坚守的职业追求;纪律严明是重要保证,决定着公安机关的治警方针,体现着纪律部队的管理特点,是打造过硬队伍的根本路径。

习近平:坚持政治建警改革强警科技兴警从严治警　履行好党和人民赋予的新时代职责使命

(来源:新华网)

对党忠诚是政治灵魂,决定着公安机关的政治站位,体现着政治建警的根本方针,是公安队伍第一位的政治要求。

对党忠诚,就是要切实筑牢政治灵魂,确保"刀把子"始终牢牢掌握在党和人民手中,永远做党和人民的忠诚卫士。对党忠诚,必须坚持党的领导。要时刻把党的政治纪律和政治规矩立在前面,以强烈的政治自觉、思想自觉和行动自觉,坚决维护党中央权威,确保政令警令畅通。对党忠诚,必须牢固树立"四个意识"(政治意识、大局意识、核心意识、看齐意识)。要把"四个意识"融入火热的公安工作和斗争实践,强化理论武装、锻造忠诚警魂,确保绝对忠诚、绝对纯洁、绝对可靠。对党忠诚,必须进一步坚定理想信念。要毫不动摇地坚持政治建警,着力培植理想信念之根、筑牢绝对忠诚之魂,切实打牢高举旗帜、听党指挥、忠诚使命的思想根基。

服务人民是根本宗旨,决定着公安机关的性质本色,体现着公安队伍的立警原则,是人民公安永远不变的路线遵循。

服务人民,就是要始终坚持人民公安为人民,牢固树立以人民为中心的发展思想,不断提升人民群众安全感和满意度。各级公安机关和广大公安民警要真正把"民本理念"内化为政治素养,外化为自觉行动;必须把人民高兴不高兴、满意不满意、答应不答应作为我们衡量和检验一切工作的标准;必须认真倾听群众心声,准确把握群众需求,全面考虑群众利益,善于从人民群众中汲取智慧,找到解决问题的办法;努力把公安工作做到老百姓心坎上,不断增强人民群众获得感和满意度,凝聚起团结奋进的力量,获取公安事业前进和社会全面发展的动力。

执法公正是价值取向,决定着公安机关的履职方向,体现着法治公安的本质要求,是公安队伍必须坚守的职业追求。

执法公正,就是要切实把公正作为公安执法永恒的价值追求,以事实为依据,以法律为准绳,正确公平对待与处理各类人和事,同时以对人民利益高度负责的精神,纠正执法活动的偏差和失误,有效保护人民合法利益,促进警民和谐关系。坚持执法公正,必须切实提升全警法律素养,进一步强化全警法治思维,确保公安机关的每一项执法工作、每一个执法环节都严格依法、公正廉明、不偏不倚。坚持执法公正,必须狠抓执法规范化建设,切实以规范执法促进公正执法,努力实现执法队伍专业化、执法行为标准化、执法管理系统化、执法流程信息化,切实以执法规范化水平的不断提升,擦亮公安执法公正的底色。坚持执法公正,必须切实加强执法监督,对执法腐败、执法不公"零容忍",切实做到监督全覆盖、无死角,一旦发现执法腐败、执法不公等问题,无论涉及什么人,都要一查到底,决不姑息,确保警营上下始终清风劲吹、正气浩然。

纪律严明是重要保证,决定着公安机关的治警方针,体现着纪律部队的管理特点,是打造过硬队伍的根本路径。

纪律严明,就是要坚定不移地推进全面从严治党、全面从严治警,进一步严肃警风警纪,着力锻造作风过硬的公安铁军。实现纪律严明,必须始终把严守党的政治纪律和政治规矩挺在最前面,要毫不动摇地坚持党对公安工作的绝对领导,聚焦忠诚、干净、担当,把从严要求贯穿到管党治党、管警治警全过程。实现纪律严明,必须进一步严肃警风警纪,不断强化号令意识和服从意识,确保公安队伍令行禁止、步调一致,确保法令、政令、警令畅通。实现纪律严明,必须持之以恒地推进党风廉政建设和反腐败斗争,要严格落实管党治党主体责任,抓住领导干部这个"关键少数",同时着力推动全面从严治党、全面从严治警向基层单位、执法一线延伸,真正让人民群众感受到公安机关党风廉政建设的实际成效。

"四句话、十六字"总要求,涵盖了公安工作和公安队伍建设的方方面面,是一个相互联系、相辅相成的有机统一体。"四句话、十六字"总要求,与我们党一以贯之的建警治警指导思想和方针原则是一致的,与公安机关维护政治安全政权安全、确保社会大局稳定、促进社会公平正义、保障人民安居乐业的重大职责使命是一致的,统一于新时代公安工作和公安队伍建设实践。

第三节　新时代公安工作的前进方向

"四句话、十六字"总要求,是我们党在新形势下加强公安工作和公安队伍建设的总纲领,是公安机关建警治警的总方略、人民警察立警从警的座右铭,为我们推动公安事业发展进步提供了科学引领,指明了前进方向。

一、高举习近平新时代中国特色社会主义思想伟大旗帜

习近平新时代中国特色社会主义思想是我们党必须长期坚持的指导思想。这一指导思想是全党全军全国各族人民坚不可摧的精神支柱和取之不竭的力量源泉,是引领中国特色社会主义新时代的纲领、旗帜和灵魂。其中,习近平总书记关于公安政法工作的一系列新思想新论断新要求,深刻阐明了事关公安工作全局和公安事业长远发展的一系列带有原则性、方向性、根本性的重大问题,是做好新时代公安工作的根本遵循。

一是明确了毫不动摇地坚持和加强党对公安工作的绝对领导。"党政军民学,东西南北中,党是领导一切的",做好新时代公安工作,必须牢牢把握党对公安工作绝对领导的根本原则。

二是明确了新时代公安机关肩负的重大使命,即履行好维护国家政治安全政权安全、确保社会大局稳定、促进社会公平正义、保障人民安居乐业的职责,努力创造安全的政治环境、稳定的社会环境、公正的法治环境、优质的服务环境。

三是明确了"两个增强"的工作着眼点,即增强工作预见性、主动性,增强人民群众获得感、幸福感、安全感,必须强化底线思维、增强忧患意识、注重统筹谋划,着力防范和化解各类风险。

四是明确了"两手硬"的工作方法论,即坚持抓发展、抓稳定两手都要硬,这就要求我们坚持一手抓当前、一手谋长远,为维护改革发展稳定大局作出新贡献。

五是明确了公安工作的首要任务,强调确保国家政治安全、政权安全是公安工作的着眼点、着力点,必须把维护国家政治安全、政权安全放在首位,坚持总体国家安全观,坚决捍卫中国共产党的领导和社会主义制度。

六是明确了公安机关在推进平安中国建设中的基本遵循,强调保障人民安居乐业是公安政法工作的根本目标,必须依法打击惩处各类违法犯罪行为,加快创新立体化社会治安防控体系,确保人民群众生命财产安全。

七是明确了推进法治公安建设的根本路径,强调公安机关是全面推进依法治国的生力军,必须坚持严格规范公正文明执法,不断提升公安机关的执法公信力。

八是明确了全面深化公安改革的政策取向,强调深化公安改革要注重从体制、机制上下功夫,必须把改革的指向聚焦到提高人民群众安全感和满意度、提高执法水平和执法公信力、提高管理效能和服务水平上来,不断提升公安工作现代化水平。

九是明确了新形势下公安队伍的建设目标,强调公安队伍是一把"利剑",也是一把"双刃剑",必须按照政治过硬、业务过硬、责任过硬、纪律过硬、作风过硬的要求,加强革命化、正规化、专业化、职业化建设,努力建设一支忠诚、干净、担当,党和人民满意的公安队伍。

十是明确了坚持从严治警、从优待警的基本方针,强调对腐败问题必须坚持"零容忍",持之以恒反腐惩恶、正风肃纪,同时要通过深化改革完善激励保障机制,大力实施暖警爱警工程,着力激发公安队伍活力。

二、牢牢把握公安工作的前进方向

公安机关和公安民警要以新思想指导新实践,不断深化思想认识、提高政治站位,不断强化"四个意识"、坚定"四个自信",自觉对标以习近平同志为核心的党中央的各项决策部署,坚持围绕中心、服务大局,锐意进取、开拓创新,始终不忘初心、牢记使命,牢牢把握公安工作的前进方向。

一要牢牢把握党对公安工作绝对领导的根本原则,毫不动摇地坚持"公安姓党",毫不动摇地坚持和加强党对公安工作的绝对领导、全面领导,坚决维护习近平总书记党中央的核心、全党的核心地位,坚决维护以习近平同志为核心的党中央权威和集中统一领导,切实做到忠诚核心、拥戴核心、维护核心、捍卫核心,确保公安工作坚定正确的政治方向,确保"刀把子"牢牢掌握在党和人民手中。

二要牢牢把握总体国家安全观的战略思想,始终坚持把维护以政权安全、制度安全为核心的国家政治安全置于首位,强化政治担当、弘扬斗争精神,坚决捍卫以习近平同志为核心的党中央安全,坚决捍卫中国共产党的长期执政地位和中国特色社会主义制度,矢志不渝做新时代中国特色社会主义事业的建设者和捍卫者。

三要牢牢把握以人民为中心的发展思想,始终坚持把人民对美好生活的向往作为奋斗目标,牢记人民公安为人民的初心和使命,不断加强和创新社会治理,着力维护社会和谐稳定,确保人民安居乐业、社会安定有序、国家长治久安,努力让人民获得感、幸福感、安全感更加充实、更有保障、更可持续。

四要牢牢把握改革创新的时代特征,紧跟发展大势、勇立时代潮头,毫不动摇地坚持走改革强警、科技兴警之路,以勇于变革、勇于创新的精神坚决破除不合时宜的思想观念和体制机制弊端,不断增强公安工作创新发展活力,着力提高公安工作现代化水平。

五要牢牢把握严格规范公正文明的执法要求,积极适应深化依法治国实践新形势,坚定不移地走中国特色社会主义法治道路,始终坚守公平正义的价值取向,深入推进执法规范化建设,不断提高公安工作法治化水平和公安机关执法公信力,真正让人民群众感受到公平正义就在身边。

六要牢牢把握新时代党的建设总要求,毫不动摇地坚持党要管党、全面从严治党,以政治建设为统领,大力推进公安队伍革命化、正规化、专业化、职业化建设,不断推动党风廉政建设和反腐败斗争向纵深发展,着力打造一支忠诚、干净、担当,党和人民满意的过硬公安队伍。

三、深刻理解建警治警总要求的重要意义

习近平总书记提出的"对党忠诚、服务人民、执法公正、纪律严明"总要求,言简意赅、含义深刻、思想深邃,全面回答了公安工作和公安队伍建设中带有根本性、原则性、方向性的重大问题,是建警治警的指导思想、基本原则和目标方向,学习理解并掌握其精神实质,是当前和今后一个时期全国公安机关、全国公安院校重要的政治任务。其中蕴含着非常重要的意义。

一方面,建警治警总要求为公安工作确立了新的发展坐标。总要求涵盖了公安工作和公安队伍建设的方方面面,体现了党性和人民性、价值导向和职业追求、发展目标和建设路径的高度统一,是一个相互联系、相辅相成的有机统一体。"四句话、十六字"总要求紧扣时代脉搏和公安工作职责使命,为公安工作和队伍建设指明了发展方向,提供了力量源泉。学习贯彻习近平总书记重要讲话精神,必须深刻领会、准确理解其精神实质,关键是要深刻理解对党忠诚、服务人民、执法公正、纪律严明"四句话、十六字"新的时代内涵,切实把"四句话、十六字"总要求作为建警治警的总方略、立警从警的座右铭。

另一方面,建警治警总要求为新时代公安工作和公安队伍建设提供了强大的思想武器。"四句话、十六字"总要求,作为建警治警的总方略、立警从警的座右铭,具有重大的理论意义和实践价值。"四句话、十六字"总要求,是始终坚持政治建警,确保公安队伍绝对忠诚、绝对纯洁、绝对可靠的迫切需要。"四句话、

十六字"总要求,是党在新时代全面加强公安工作和公安队伍建设的总纲领。"四句话、十六字"总要求,是解决公安工作和公安队伍建设矛盾问题的锐利武器。

总之,"四句话、十六字"总要求,是我们党在新形势下加强公安工作和公安队伍建设的总纲领,是公安机关建警治警的总方略、人民警察立警从警的座右铭,为我们推动公安事业发展进步提供了科学引领,指明了前进方向。各级公安机关和广大公安民警都要认真学习、深刻领会,注重学思践悟,坚持知行合一。坚持政治建警、改革强警、科技兴警、从严治警、从优待警,推进公安队伍革命化、正规化、专业化、职业化建设,着力提升新时代维护国家安全和社会稳定的能力与水平,开创新时代公安工作新局面。

❋ 案例回放——忠诚·警察故事

李 丰 收
——用忠诚奉献诠释为民初心

2017年11月11日,安徽省阜阳市公安局颍州分局马寨派出所原副所长李丰收被安徽省公安厅命名为全省公安机关"忠诚卫士"。

10月30日21时,李丰收在连续多日值班后,突感身体疲惫,回到家休息。他太累、太疲劳了,入睡后就再也没有醒来……10月31日零时许,李丰收经医院抢救无效去世,年仅44岁。

从警20年,李丰收参与侦破刑事案件6000余起,抓捕犯罪嫌疑人近2000名,为群众挽回经济损失3000余万元,先后荣立个人三等功3次、受嘉奖4次。

马寨派出所院子里有个凉棚,凉棚下两排供办事群众休息的座椅一尘不染,修剪平整的草坪上不时落下几片泛黄的树叶……李丰收精心打造的派出所"温情院子"还是当初的模样,但他却再也不能像往常那样,站在院子里和群众拉家常了。

忙起工作就像旋转的陀螺

10月30日深夜,马寨派出所指导员张正祥接到电话得知李丰收在医院抢救,怎么也不敢相信这是真的。几个小时前,李丰收还在派出所微信群里部署工作。"他精力那么旺盛,怎么说走就走了?"

在生命最后的几天,李丰收就像个永不停转的陀螺。10月29日22时20分,马寨乡乡长王璐开车到田间巡逻是否有人违规焚烧秸秆,在一处田间地头碰见了李丰收。"晚上起雾,他怕群众趁雾烧秸秆,不放心,特意来转转。"王璐说。10月30日7时,只睡了几个小时的李丰收赶到分局开例会,会后又到法制科为盗窃犯罪嫌疑人王某办理取保候审手续。李丰收到马寨派出所任职后,将手机和所里的监控连接在一起,一有时间就拿出手机翻看派出所监控录像。"他就是闲不住,"副所长马宝林说,"大家一直都劝李丰收多休息,他都听不进去。"

10月30日14时,李丰收到看守所为王某办理取保候审手续。从看守所离开后,李丰收又马不停蹄地跑到刑警大队大队长陈俭友的办公室,要求揽个"三打击一整治"收网行动的任务。10月30日18时许,李丰收回到派出所,又开车出去巡逻了一圈。当天21时,布置完夜巡工作后,李丰收顿感疲惫,终于难得听从了一回民警的建议回到家休息,但是他太累、太疲劳了,入睡后就再也没有醒来……

"拼命三郎"成为战友心中的丰碑

"他是个'拼命三郎',一心扑在案子上。这种'啃骨头'的精神无形之中带动了身边的战友。"颍州分局刑警大队民警孙明义说。

2014年年底,阜阳市连续发生多起"搬家式"盗窃案件。李丰收一头扎入案件侦查工作,摸排走访、研判线索,连续工作一天一夜后,带队成功抓获3名犯罪嫌疑人。将嫌疑人送进看守所后,李丰收对案件进行深挖扩线,又连续奋战了两天一夜,接连侦破系列盗窃案107起,抓获盗窃犯罪嫌疑人9名,为群众挽回财产损失100余万元。

马寨派出所地处颍州区、阜南县、临泉县三地交界处,人口5.1万,治安形势复杂。李丰收到任后不分昼夜、埋头苦干,带领民警破案缉凶,保一方平安。在他的领导下,马寨派出所在全区各项指标排名突飞猛进、名列前茅。"我们从他身上看到了真正的拼搏精神。现在他人虽然不在了,但丰碑一直屹立在那里,指引着我们前进。"马宝林说。

李丰收业务上是新警的"老师傅",生活上更是他们的"好大哥"。得知他突然离世,颍州分局刑警大队责任区刑警一队指导员李大伟哭得像个孩子。在生活中,李丰收非常关心李大伟。李大伟第一次去女友家里"认门",带的羊肉就是李丰收买的。

阜阳市公安局技侦支队民警葛磊曾经和李丰收共事4年。他说:"收网抓捕时,他永远把最危险的任务分给自己,说他已经有妻有女,我们还没成家。"

辖区群众就是他的家人

无论是在刑警队,还是在派出所,辖区群众都是李丰收心中的"家人"。他的真诚付出,像一座无形的桥梁将群众和公安机关紧密连在一起。

今年4月,李丰收在入户走访时了解到辖区居民姚某7岁的孙女小姚因无户口,到了入学年龄上不了学。几年前,小姚的父亲因为车祸成了"植物人",母亲又离家出走,小姚的户口问题成了一家人的"心病"。得知情况后,李丰收很快联系到阜阳市一家鉴定机构,自掏腰包2000元为姚某父女做了亲子鉴定,最终为小姚解决了户口问题。

10月31日清晨,马寨派出所"厨娘"马丽没有发现李丰收的身影,一打听才知道"丰收哥走了"。她连早饭都顾不上做,哭着包了一辆车赶到几十公里外的市里,到李丰收灵前久跪不起。"我就没碰到过这么好的所长。"时隔一月,马丽回忆起李丰收仍哽咽难言:"平时派出所一日三餐都是我做,今年我儿子读高三,李所长怕我惦记孩子学习,一有空闲,他就让我回去看看孩子,自己帮我下厨,给民警做饭。"

已年过七旬的马寨派出所清洁工魏登云大娘,最初还不知道李丰收已经走了,只以为是生病了。她急忙跟马宝林说:"他生了啥病啊?要啥器官我给他换。"

这么多年来,李大伟一直帮李丰收藏着一个秘密。"他一直在帮助一个家境十分困难的八旬老人,经常送米面过去。"那是2011年的一天,李丰收带队抓获一对涉嫌犯罪的夫妻后,带着李大伟到嫌疑人家中搜查,发现了一名年过八旬的老人。李丰收见老人生活困难,就一直资助老人。李丰收帮助老人这件事,除了李大伟,没有其他人知道。

"以前我总觉得自己是铁血刑警,对犯罪嫌疑人应该冷酷无情。是李所长让我知道对犯罪嫌疑人除了严厉打击,也需要温情感化。"李大伟红着双眼说,"他虽然走了,但以后我们都是'李丰收',会照顾好他的父母妻女,守护好颍州一方平安。"

(资料来源:公安部网站2017年12月17日)

点评: 从警20年,李丰收像一枚永不停转的陀螺,在为民服务的一线忙碌,在打击犯罪的战场奔波,直至生命戛然而止。他的不竭动力源自何方?答案就是:不忘初心,一心为民。

不忘初心——人民警察的天职是打击犯罪,保护人民。破案的时候,他是"拼命三郎",不达目的决不收兵;收网抓捕时,他冲锋在前,永远把最危险的任务分给自己。他用无畏果敢赢得战友尊重,也为警察这个职业增添荣光。

一心为民——人民警察来自人民,热爱人民。他是百姓心中能说热乎话的"知心人"。因为他心里装着百姓冷暖,所以百姓听说他生病了,说出"他生了啥病啊?要啥器官我给他换"这样令人潸然泪下的话。

榜样的力量是无穷的。一个李丰收走了,千千万万个"李丰收"又会站出来。人民警察之所以让犯罪分子胆寒,受人民群众爱戴,就因为他们始终铭记并用生命在践行:不忘初心,一心为民。

【思考与实践】

1. 班级讨论：重大疫情面前，人民警察如何体现自己的忠诚？

2. 思考与交流：忠诚教育对人民警察生涯具有什么样的意义？写下思考要点，粘贴在班级板报上。

3. 举例说明现实生活中你知道的能体现人民警察忠诚的公安英模、公安楷模。

第二章　忠于党：坚定理想信念、坚持党的领导

"对党忠诚"，是《中国共产党章程》的基本原则，是加入中国共产党的铮铮誓言，是每个中国共产党人的"初心"。公安机关要将对党的绝对忠诚融入血脉、铸入警魂，不忘初心、不改本色，履行好党和人民赋予的神圣职责，为新时代中国特色社会主义事业提供更加坚强有力的保障。

对党忠诚是人民警察在政治生活中必须遵守的政治原则，也是在警务活动中应当遵守的道德准则。人民警察必须把对党忠诚作为观察、分析和处理各种问题的根本立足点，坚定信念，听党指挥，永远做党和人民的忠诚卫士，担负起时代所赋予的光荣而艰巨的责任。

加强公安院校学生的忠诚警魂培育，可以帮助其树立正确的思想观念，强化责任担当，锤炼敢打必胜的信念，使其认识到：为什么"公安姓党"？为什么对党忠诚是人民警察的政治本色？对党忠诚的主要内容包括哪些？工作中怎样践行对党忠诚的政治要求？

【学习目标】
　　通过学习对党忠诚，坚定信念，听党指挥，永远做党和人民的忠诚卫士，担负起时代所赋予的光荣而艰巨的责任，了解忠诚的概念和实质。
【学习重点】
　　对党忠诚是人民警察的政治品质，理解并领会对党忠诚的主要内容，通过教育转化为个体的忠诚品质。
【学习难点】
　　对党忠诚转化为人民警察的忠诚品质，即培育对党忠诚的特色方法。

第一节　对党忠诚是人民警察的政治品质

忠于中国共产党处于"四个忠于"中的第一位,它与忠于祖国、忠于人民和忠于法律构成了一个完整的体系,共同表明我国公安机关政治建警的原则与人民警察特殊的职业性质。

"忠于"与"热爱""拥护""喜欢"的程度和感情深度不同,"忠于"不讲条件,没有商量,它完全是心甘情愿,真心趋同。

一、对党忠诚是人民警察的政治立场

（一）政治

把对党忠诚作为人民警察的政治立场,首先要理解政治的含义。政治包含两层含义,"政"指的是领导,"治"指的是管理。"政"是方向和主体,"治"是手段和方法,"治"是围绕着"政"进行的。从人类社会学来讲,政治是人类社会中存在的一种非常重要的社会现象,它影响到人类生活的各个方面。这个社会现象非常复杂,因而在不同历史时期、不同文化、不同语言以及不同学科角度,不同的学者对它的论述也不相同。

> **微链接**
>
> 领导我们事业的核心力量是中国共产党,指导我们思想的理论基础是马克思列宁主义。
>
> ——毛泽东

在政治学上,政治的定义很复杂,从最一般的定义来说:"所谓政治,就是指一定的阶级或社会集团,基于其根本利益,调节社会关系,制定公共政策和维护国家政权,并运用政权治理国家和社会的全部活动。"政治是上层建筑领域中各种权力主体维护自身利益的特定行为以及由此结成的特定关系,是人类历史发展到一定时期产生的一种重要社会现象。政治对社会生活各个方面都有重大影响和作用,这一社会现象很复杂,各时代的政治学家都从不同角度和不同侧重点对它作过各种论述。政治随着社会从低级到高级的进程而发展,社会成员参与政治生活的深度和广度也随之向前发展。

不少西方语言中的"政治"一词(法语 Politique、德语 Politik、英语 Politics),都来自希腊语,这个词可以考证的最早文字记载是在《荷马史诗》中,最初的含义是城堡或卫城。因此,"政治"一词一开始就是指城邦中的公民参与统治、管理、斗争等各种公共生活行为的总和。

中国先秦诸子也使用过"政治"一词。《尚书·毕命》有"道洽政治,泽润生民",《周礼·地官·遂人》有"掌其政治禁令",但在更多的情况下是将"政"与"治"分开使用。"政"主要指国家的权力、制度、秩序和法令;"治"则主要指管理人民和教化人民,也指实现安定的状态等。

在中国古代,"政"一般表示:

(1) 朝代的制度和秩序,如"大乱宋国之政";
(2) 一种统治和施政的手段,如"礼乐刑政,其极一也";
(3) 符合礼仪的道德和修养,如"政者正也,子帅以政,孰敢不正";
(4) 朝廷中君主和大臣们进行的政务活动,如"其在政府,与韩琦同心辅政"。

"治"在中国古代则一般表示:

(1) 安定祥和的社会状态,如"天下交相爱则治";
(2) 统治、治国等治理活动,如"修身、齐家、治国、平天下"。

中国古代的这些"政治"的含义,与西方的"政治"含义不完全相同,很大程度上政治只是一种君主和大臣们维护统治、治理国家的活动。当英文的 Politics 从日本传入中国时,孙中山认为应该使用"政治"来对译,认为"政就是众人之事,治就是管理,管理众人之事,就是政治"。他的这一说法在当时的中国非常具有影响力。

马克思认为,"一切阶级斗争都是政治斗争","政治就是各阶级之间的斗争","政治就是参与国家事务,给国家定方向,确定国家活动的形式、任务和内容"。列宁曾鲜明地指出,"政治是经济的集中表现","政治同经济相比不能不占首位"。① 政治属于上层建筑,它关系到国家政权和社会制度的性质,决定着政策的取向,归根到底影响和规定着人们的利益。正因为如此,马克思主义总是善于从政治上观察和处理问题,特别强调政治的地位和作用。按照马克思主义政治学观点集中概括起来,政治是以经济为基础的上层建筑,是经济的集中表现,

---

① 列宁.列宁选集(第 4 卷)[M].北京:人民出版社,1960:441.

是以政治权力为核心展开各种社会活动和社会关系的总和。邓小平指出:"到什么时候都得讲政治。"①政治的内容是确定的,其内容不能任意泛化,不能把业务技术工作、日常琐事都当成政治问题。在现实生活中,我们实际上已经把政治的含义作了很大的引申,即经常把政治引申为党和政府在国家生活、政治关系方面的大政方针,或者说,整个社会和国家发展的大局。

重温总书记对人民公安的关心与期许

(来源:光明网)

(二) 政治立场

江泽民同志在党的十四届五中全会上指出:"政治包括政治方向、政治立场、政治观点、政治纪律、政治鉴别力、政治敏锐性。"②其中,政治立场是最根本的,是人们观察、分析、处理各种问题的出发点。对于人民警察来说,讲政治立场,最重要的是坚定地站在党的立场上,站在党性和党的政策立场上,时刻维护党的利益,把对党忠诚作为政治生活的重要原则。

古今中外,任何国家的警察都是统治阶级实行专政的政治工具,都必须无条件地执行国家法律。统治阶级的意志、意愿,有很大一部分都要通过警察来实现、完成。没有警察,统治阶级的利益和要求便失去了一个重要的实现途径;同样,没有统治阶级,警察便失去了依附和服务对象,也就失去了存在的条件和价值。警察和国家、警察和他所服务的统治阶级的这种关系,决定了警察在政治生活中遵循的政治原则、政治规范同他们在警务活动中遵循的职业道德原则和规范是一致的。也就是说,统治阶级的政治要求就是警察职业道德的指导原则,警察的职业道德便是统治阶级在政治上具体要求的反映;统治阶级的政治要求为警察职业道德规定目的、方向,而警察职业道德直接为维护和

---

① 邓小平.邓小平文选(第 3 卷)[M].北京:人民出版社,1993:166.
② 中共中央文献研究室.毛泽东邓小平江泽民论世界观人生观价值观[M].北京:人民出版社,1997:565.

实现统治阶级的政治目标、政治任务服务。警察的职业道德在本质上是一种政治道德。

> **微链接**
>
> 保卫工作必须特别强调党的领导作用,并在实际上受党委直接领导,否则是危险的。
>
> ——毛泽东

我国的人民警察作为一个特殊的职业群体,是国家机器的重要组成部分。它受国家和人民的委托,依照法律的授权,履行执法职能。因此,人民警察的职业活动在本质上就是一种政治活动。人民警察的职业道德就是人民警察的政治道德。它以特有的方式、标准为现实的政治服务,特别强调对党忠诚,强调政治上的坚定性、党和国家及人民利益的至上性,这是我国的人民警察职业道德与其他国家警察职业道德最本质的区别。

二、对党忠诚是人民警察的政治本色

中国共产党在领导人民革命的过程中,把对党、对革命事业的忠诚作为每一个共产党员、革命者都必须具备的品质。刘少奇在《论共产党员的修养》中指出:"一个共产党员,在任何情况上,能够不能够把自己个人的利益绝对地无条件地服从党的利益,是考验这个党员是否忠于党、忠于革命、忠于共产主义事业的标准。"[①]我国的公安保卫机关是党缔造和领导的一支专门队伍,从人民公安的历史来看,"忠诚"始终是最重要的思想基石,尤其是忠诚于中国共产党。

(一)从公安保卫机关的发展历史来看,忠诚是首要与必备的品质

1. 中央特科

中央特科是我党最早建立的保卫组织。中国共产党在建党之初,并没有建立其自身的武装,因此,也没有负责开展情报收集、政治保卫的机构。1927年4月12日,蒋介石发动"四一二"反革命政变,中共中央被迫从上海迁往武汉,当年5月,周恩来在当时处于武汉的中共中央军委会(此军委会负责在国民革命军内部的共产党活动,并不掌握军队,与日后的军委会不可同日而语)下设特务科,又称中共中央军委特务工作处,负责中央的安全保卫工作。

---

① 刘少奇.刘少奇选集(上卷)[M].北京:人民出版社,1981:130.

1927年7月15日,汪精卫等人发动"七一五"反革命政变之后,中共中央再次被迫转移至上海租界内。10月9日,中共中央召开临时政治局扩大会议,决定将特务工作处改组为特别行动科,加强安全保卫工作。

1927年11月,中央特科正式成立,由周恩来直接负责指挥,主要骨干人员为曾经到苏联学习政治保卫的陈赓、顾顺章等人。

中国共产党中央特别行动科,简称中央特科,是中国共产党在20世纪20至30年代期间,建立的一个情报和政治保卫机关,主要活动地域在当时中共中央所在地——上海。中央特科主要从事地下工作,其中包括情报收集,对中共高层人物实施政治保卫,防止中共高层人物被国民政府和公共租界当局逮捕或者暗杀,并且开展针对国民政府的渗透活动。中央特科还有一个重要任务,就是惩处当时背叛并且对中共造成严重危害的前中共党员。中央特科存在时间是自1927年11月至1935年10月。

阅读窗

龙潭三杰塑忠魂

钱壮飞、李克农和胡底三人被称为情报工作"龙潭三杰"。在严酷的白色恐怖下,他们坚强勇敢地与敌人斗争,挫败了中共历史上最危险的叛徒顾顺章企图将中共中央"一网打尽"的大阴谋,立下了赫赫功勋。在关键时刻,因为有了"铁三角"的努力,中共中央得以保全。周恩来曾感慨地说道:他们三个人深入龙潭虎穴,可以说是龙潭三杰。如果没有龙潭三杰,中国共产党的历史将被改写。

在选拔中央特科保卫人员时,特别规定只有那些"有坚定信念、政治上绝对可靠"的人才能担任此项工作。这说明中国共产党从一开始就把共产主义的信念和对党忠诚的品质,作为挑选保卫人员的道德条件。

2. 中华苏维埃共和国国家政治保卫局

第一次国内革命战争失败后,1931年11月,中国共产党在江西瑞金成立中华苏维埃共和国临时中央政府,同时组建国家政治保卫局。中华苏维埃共和国国家政治保卫局,是今天公安部和国家安全部的前身,是最早的人民公安保卫机关。

中央苏区的治安保卫和肃反工作,1930年底以前由各级苏维埃政府裁判肃反委员会负责。1931年6—7月间,根据中共中央指示,在江西赣南苏区成立中共苏区中央局政治保卫处,负责苏区的肃反与治安保卫。11月中华苏维埃共和国临时中央政府成立时,中共苏区中央局政治保卫处改为国家政治保卫局。

1932年1月27日,由苏维埃中央执行委员会颁布的《中华苏维埃国家政治保卫局组织纲要》规定:国家政治保卫局在苏维埃境内依照中华苏维埃共和国宪法之规定,在中央政府人民委员会管辖之下,执行侦查、压制和消灭政治上经济上一切反革命的组织活动、侦探及盗匪等任务。

国家政治保卫局内设侦察部、执行部、总务处和政治保卫大队。国家政治保卫局在选择工作人员时,条件特别严格,把"对党对革命事业绝对忠诚,能绝对保守秘密"作为首要条件。

3. 抗战与解放战争时期的公安保卫机关

1937年7月7日,日本对我国发动了全面侵略战争,中国历史从此进入了伟大的全面抗日战争时期。随着抗日民主政权的建立与巩固,人民公安保卫队伍也在不断地发展壮大。我党在各抗日根据地和边区政府及所辖县区开始建立保安处或公安局。隶属于延安市公安局的"陕甘宁边区延安警察队",是我党公安史上第一支较为正规的人民警察队伍。1939年2月,中共中央书记处为加强公安工作出台的《关于成立社会部的决定》指出:"为了保障党的组织的巩固,决定在党的高级组织内成立社会部,在人民政权中设立保卫机构或公安局。"所制定的《公安局纲要》指出:"公安局是抗日民主政权维护治安的机关。要在保卫抗日政权、保障一切公民的民主权利与保障各抗日党派的合法民主自由的原则下,坚持镇压敌探汉奸与少数阴谋破坏分子,以达到社会安宁、巩固抗日根据地之目的。"1939年6月,抗日根据地第一个人民公安机关——晋察冀边区公安局成立。虽然当时还没有中央统一领导的公安机关,但是党领导下的人民警察队伍已经正式成立了。

为了规范人民警察的职业行为,党提出了许多纪律和道德要求。1940年,晋察冀边区制定的《公安局警务规约》规定:"警务人员,抗日当先,拥护政府,保障民权。巩固边区,维护政权,镇压敌特,肃清汉奸。缉匪捕盗,勇敢向前,保护人民,维护治安。友敌分清,是非明辨,奸不漏网,民不含冤。服从命令,忠于抗战,提高警惕,组织必严。奉公守法,不徇情面,严守秘密,意志要坚。斗争学习,不怕困难,团结进步,忠正清廉。严守纪律,革命模范,凡我同志,誓守约言。"晋冀鲁豫边区政府公安总局在《公安人员守则》中明确规定:"公安人员是抗日民主政权中最忠实的干部,在政治上也是最进步最觉悟的干部。"可见,当时对公安保卫人员的素质要求必须:忠诚老实、保守机密、热爱人民、遵纪守法。

全国解放战争时期,晋察冀边区政府于1946年5月制定了《革命警察之性质、任务、条件守则》,明确要求参加警察的首要条件是政治上纯洁坚定,并有为群众服务的精神。

4. 建国初期的人民公安

中华人民共和国成立后,人民公安机关把对党忠诚作为公安人员的必备职业品德。1952年11月,第五次全国公安工作会议通过了《关于建设公安部门政治工作决议》,这是1949年后,公安部首次从政治工作的角度,指出了对民警进行职业道德教育的重要性,并明确了人民警察职业道德规范的具体要求。

> 微链接
>
> 青年人没有不栽几个跟头的,没有不碰几个钉子的。碰了钉子以后,不要气馁。
>
> ——周恩来

1953年5月28日,公安部首任部长罗瑞卿同志在中央人民公安学院所作的《应当如何巩固、加强和提高我们的人民公安工作》的报告中,针对当时的具体情况,对人民公安人员提出了必须具备的三方面条件:政治可靠、要搞得赢反革命、作风正派。其中政治可靠,对党、对革命忠诚则是首要条件。

罗瑞卿同志强调:"第一,要是政治可靠的。就是说要对党、对革命是无限忠心的,是模范地执行党的政策、遵守国家法律的,是热爱祖国、热爱人民的,是敌我界限分明、斗争坚决、立场坚定的。对党不忠实,作假报告,破坏政策,违反纪律,损害国家和人民的利益,以及一切政治上是非不清、敌我不分的行为,是和人民公安人员的光荣称号完全不相称的。"①

1958年在第九次全国公安会议上通过了《公安人员八大纪律和十项注意》。这最具有典型意义的八大纪律,第一大纪律就是"服从领导,听从指挥",也就是服从党的领导,听从党的指挥,做党的忠诚卫士。

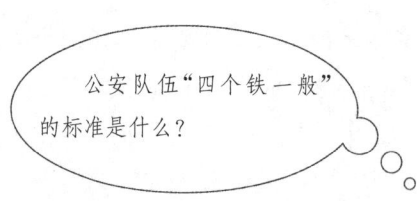

公安队伍"四个铁一般"的标准是什么?

这是人民公安机关在长期、复杂的斗争中,逐步形成的优良传统和作风的总结,

---

① 罗瑞卿.罗瑞卿论人民公安工作[M].北京:群众出版社,1994:192.

也是人民警察职业道德发展历程中的一个光辉里程碑。

(二) 改革开放至今,我国仍然把对党忠诚作为人民警察必须遵守的政治原则和职业道德规范

1. 改革开放初期的人民警察职业道德

1980年公安部提出"调查研究,实事求是;发扬民主,依法办事;廉洁奉公,遵纪爱民;立场坚定,敌我分明;机智勇敢,团结战斗"五句话、四十字的道德要求。1991年11月,第十八次全国公安会议提出:"要求把政治思想建设放在队伍建设的首位,使每一个民警树立坚定的社会主义和共产主义信念,坚信党的领导,听从党的指挥,在政治上同党中央保持高度一致。"

2. 人民警察职业道德的正式形成

在中国古代文化的典籍中,"道"表示事物运动变化的规律和规则。我们今天所讲的道德,是指人们的行为应当遵循的原则和标准。道德属于社会意识形态,是社会关系的产物。道德是以善恶为标准进行评价的,通过社会舆论、内心信念和传统习惯等方式在社会生活中发挥调节作用。

职业道德是从事一定职业的人们,在履行本职工作职责的过程中,应当遵守具有自身职业特征的职业道德准则和规范。人民警察职业道德是人民警察在依法履行职务活动中所遵循的道德原则和规范。公安机关一贯高度重视人民警察职业道德建设,在不同的历史时期,对职业道德都有规定与重申。

我国理论界对人民警察职业道德基本原则与规范的概括,经历了一个逐步完善的过程。1993年,公安部组织一批专家、学者,在总结、概括我国人民警察职业道德生活经验和理论研究成果的基础上,制定了《人民警察职业道德规范》,于1994年1月8日以文件的形式正式颁布实施。

《人民警察职业道德规范》的具体内容包括:

(1) 对党忠诚:坚定信念,听党指挥,维护宪法,忠于祖国。

(2) 服务人民:热爱人民,甘当公仆,爱憎分明,除害安良。

(3) 秉公执法:不徇私情,不畏权势,严禁逼供,不枉不纵。

(4) 清正廉明:艰苦奋斗,克己奉公,防腐拒贿,不沾不染。

(5) 团结协作:顾全大局,通力协作,相互尊重,相互支持。

(6) 勇于献身:忠于职守,业精技强,机智勇敢,不怕牺牲。

(7) 严守纪律:服从领导,听从指挥,遵守制度,保守机密。

(8) 文明执勤:谦虚谨慎,不要特权,礼貌待人,警容严整。

这八条规范是我国自人民警察队伍建立以来,第一次正式命名并颁布的《人民警察职业道德规范》。它的颁布实施,标志着人民警察职业道德正式形成。这一规范全面、准确地反映了职业道德关系对人民警察的道德要求,鲜明地表达了人民警察职业的责任、义务和使命。人民警察职业道德的第一条就是"对党忠诚"。

1996年全国公安会议再次强调:"公安机关的性质、任务决定了我们这支队伍必须始终保持政治坚定,站稳政治立场,把握政治方向。"2003年全国公安工作会议明确提出了"立警为公,执法为民"的要求,强调公安工作的"政治性""服务性"与"人民性"。

3. 人民警察职业道德规范的修订与完善

2011年9月8日,公安部修订印发了《公安机关人民警察职业道德规范》。重新修订的《公安机关人民警察职业道德规范》内容由原来的八条扩充到十条:

(1) 忠诚可靠:听党指挥,热爱人民,忠于法律。

(2) 秉公执法:事实为据,秉持公正,惩恶扬善。

(3) 英勇善战:坚韧不拔,机智果敢,崇尚荣誉。

(4) 热诚服务:情系民生,服务社会,热情周到。

(5) 文明理性:理性平和,文明礼貌,诚信友善。

(6) 严守纪律:遵章守纪,保守秘密,令行禁止。

(7) 爱岗敬业:恪尽职守,勤学善思,精益求精。

(8) 甘于奉献:任劳任怨,顾全大局,献身使命。

(9) 清正廉洁:艰苦朴素,情趣健康,克己奉公。

(10) 团结协作:精诚合作,勇于担当,积极向上。

这十条规范包含了警察这个职业所应具备的政治要求、职业性质、纪律作风三大方面。其中第一条依然是"忠诚可靠"。

在实现中华民族伟大复兴中国梦的历史征程中,人民警察职业道德的建设与发展也必将紧跟时代前行的脉搏,顺应公安工作和公安队伍建设的时代节奏。2012年3月起,全国公安机关全面开展以"忠诚、为民、公正、廉洁"为主要内容的人民警察核心价值观教育实践活动,核心价值观教育的第一位仍然是"忠诚"。

第二节 对党忠诚的主要内容

中华人民共和国是社会主义国家,国体是工人阶级领导(通过中国共产党领导)下的人民民主专政制度,从政治上确保警察职业活动的正确方向和基本底线,是人民警察职业道德规范的首要之义。这就必然要求把"对党忠诚""忠诚可靠"作为人民警察职业道德的第一规范。

一、对党忠诚的要义

所谓忠诚,是指真心地崇敬和恪守,言行一致、尽心尽力。所谓可靠,是指可以信赖,可以相信,常与忠诚连用,带有加强语气的意味。人民警察职业道德规范"忠诚可靠"的主要内容包括听党指挥和热爱人民。

(一)听党指挥

所谓听党指挥,就是指人民警察在政治上与党保持高度一致,行动上服从党对公安工作的绝对领导。听党指挥就是要维护中国共产党对公安工作的绝对领导。党对公安工作的绝对领导,包括三层含义:

(1)党的领导的无条件性。人民警察必须在思想上、政治上、组织上同党中央保持高度一致,坚定不移地为实现党的纲领、路线、目标服务,不得以任何理由怀疑、摆脱、抵制党的领导,无论何时、何地都要把公安工作置于党中央和各级党委的领导之下。

(2)党的领导的唯一性。坚持党对公安工作的绝对领导,才能保持人民民主专政的国家性质,保证人民警察的政治性质。中国共产党是唯一有资格领导全国公安机关的政党。人民警察只服从中国共产党的领导,只听从中国共产党的指挥。

(3)党的领导的全面性。党对公安工作的领导包括政治领导、思想领导和组织领导。

总之,对党忠诚,是对广大公安民警第一位的政治要求。公安机关是人民民主专政的重要工具,是党和人民手中掌握的"刀把子",必须旗帜鲜明讲政治,牢固树立"四个意识",切实筑牢忠诚警魂,更加坚定自觉地维护以习近平同志为核心的党中央权威和集中统一领导,更加坚定自觉地向以习近平同志为核心的党中央看齐,更加坚定自觉地在思想上政治上行动上同以习近平同志为核心的党中央保持高度一致,永葆绝对忠诚、绝对纯洁、绝对可靠的政治本色。

(二) 热爱人民

中国共产党领导中国人民进行伟大的革命、建设和改革事业,归根结底是为了中国人民的解放和幸福。"坚持党的领导,就是要支持人民当家作主,实施好依法治国这个党领导人民治理国家的基本方略。"人民警察忠诚可靠,就要出乎本心地热爱人民。人民警察热爱人民的内涵包括以下两个方面:

(1) 确立人民至上的观点。人民警察必须摆正同人民群众之间的关系,人民警察来自人民,人民警察为人民,人民警察爱人民。在全世界200多个国家中,在警察前面加"人民"的只有我们中国。

(2) 自觉相信和依靠人民群众。人民群众是实践的主体,他们在公共安全的保障中永远是基础。人民群众不仅是预防和打击犯罪的积极拥护者、支持者,也是最主要的力量源泉。警力有限,民力无穷。必须坚持人民主体地位,坚持立警为公,执法为民,践行全心全意为人民服务的根本宗旨,把党的群众路线贯彻到治国理政全部活动之中,把人民对美好生活的向往作为奋斗目标,依靠人民创造历史伟业。群众路线是公安机关一贯坚持的最重要的工作路线。人民警察要虚心向人民群众学习,虚心接受人民群众的批评和监督,在与人民群众的合作中更好地服务群众、奉献社会。

二、对党忠诚的具体内涵与要求

对党忠诚、忠诚可靠作为人民警察职业道德的第一条,旗帜鲜明地确定了人民警察的政治立场,同时也表明它在人民警察职业道德规范中的统领作用。

相对于其他职业而言,警察在国家政治和社会生活中处于特殊的地位,担负特殊的使命,是国家政权中按照统治阶级意志,依靠暴力的、强制的、特殊的手段维护国家安全与社会秩序的武装性质的行政力量。其职责的特殊性,决定了其职业道德要求的特殊性。

人民警察职业道德具有鲜明的政治性,人民警察的职业性质决定了人民警察道德与国家思想、政治活动和政治制度有着极为密切的关系。对党忠诚、忠诚可靠就是人民警察职业道德的政治属性最明显的体现。

> **微链接**
>
> 忠于党、忠于人民、无私奉献,是共产党人的优秀品质。党的事业,人民的事业,是靠千千万万党员的忠诚奉献而不断铸就的。不忘初心,方得始终。
>
> ——习近平

中国共产党是中国工人阶级的先锋队,同时是中国人民和中华民族的先锋队,是中国特色社会主义事业的领导核心。中国共产党的领导地位不仅是历史形成的,也是人民群众在长期革命和建设中自觉选择和拥护的,更是中华民族复兴大业和中国现代化建设的必然要求。中国共产党的领导是由中华人民共和国宪法所确认的,并在长期的革命、建设和改革的实践中被证明了的。人民警察听党指挥、对党忠诚具有充分的法理依据和现实需要,更具有长远的未来意义。忠诚于党就是要维护中国共产党对公安工作的绝对领导,要求人民警察同党中央保持高度一致。

(一)忠于中国共产党,要求人民警察以巩固共产党执政地位为第一职业责任

对党忠诚,就是要敬党、爱党、建党、兴党,对党忠心耿耿,忠于党的宗旨、纲领、理论、路线、方针、政策、纪律,忠诚党的事业,捍卫党的利益,把个人的前途命运与党的前途命运紧密联系起来,兢兢业业为党的事业和党的发展不懈奋斗,认认真真践行对党的誓言,把对党忠诚在日常警务活动中转化为具体的实在的思想与行动。人民警察要全面了解中国共产党光辉的历史进程,领会中国共产党的领导是中国近现代发展的必然选择。人民警察要成为执行党的路线方针政策的表率,坚定正确、科学的世界观、人生观和价值观,模范规范自己的言行,通过日常的各类警务活动捍卫党的执政地位,维护党在人民群众心目中伟大而光辉的形象。

(二)忠于中国共产党,要求人民警察在政治上同党中央保持高度一致

人民警察要把自己的职业理想定位在党的根本任务和宗旨上来,把公安事业置于党的事业之中。《中华人民共和国人民警察法》第二十二条中规定,人民警察要遵守政治纪律,在任何时候都不得"散布有损国家声誉的言论,参加非法组织,参加旨在反对国家的集会、游行、示威等活动,参加罢工"。在任何时间、任何情况下,人民警察都不能参加与工作和任务的要求背道而驰的活动。不论是何警种,不管从事什么具体的公安工作,在任何时间、任何情况下,都要保证和党

中央保持高度一致。这一点是人民警察遵守政治纪律的核心所在,是我国警察不同于别国警察的根本标志。从讲政治的高度来看,公安机关还要求人民警察热爱祖国悠久的历史和灿烂的文化,尤其热爱社会主义制度下的中华人民共和国,自觉地为祖国的繁荣昌盛与和平稳定作出贡献。忠于中国共产党不是一句空话,不能够只停留在理论层面上,还要在日常的警务活动中体现出来。每一位人民警察,都应当在自己的工作岗位上,自觉接受党的领导,自觉维护党的利益。

(三)忠于中国共产党,要求人民警察成为执行党和国家各项政策的宣传者与实施者

人民警察是人民民主专政的工具,是武装性质的国家治安行政力量和刑事司法力量。公安机关的性质和人民警察所承担的职责,决定了公安机关中讲政治是第一位的。政治纪律是维护政治方向和政治原则的纪律,是公安队伍和人民警察在政治言论、政治行动方面同党的路线、方针和政策保持一致的行为规范。

人民警察在警务活动中,必然会涉及处理社会矛盾以及人民内部矛盾冲突等棘手问题,作为基层执法者,一定要明确当前我们国家的局势,深刻理解当前我们国家的政策与方针,在警务活动中时刻保持清醒的政治头脑,主动、积极地把国家政策法规化解在日常的警务工作中,同时承担国家政策宣传者与实施者的作用。

三、对党忠诚的教育内容

对党忠诚的教育内容,概括一下主要有以下几类:

(一)理想信念教育

和平年代,政法队伍战斗在维护社会稳定、与各种犯罪行为作斗争的第一线,没有坚定的理想信念,没有明确的政治信仰,就很可能迷失方向、丧失原则。因此,政法队伍建设必须始终把理想信念教育放在第一位,不断打牢高举旗帜、听党指挥、忠诚使命的思想基础,坚持党的事业至上,永葆忠于党、忠于人民的政治本色。

只有把忠诚的思想植根于每位公安院校学生的心中,让公安院校学生"不忘入警初心,牢记神圣使命",才能在今后的公安实际工作中,牢记神圣使命,忠实履行职责,坚持以党和国家的大局为重,积极投身于维护社会稳定的实践中去,并且担负起党和人民赋予的重大职责。

> **微链接**
>
> 广大青年一定要坚定理想信念。"功崇惟志,业广惟勤。"理想指引人生方向,信念决定事业成败。没有理想信念,就会导致精神上"缺钙"。
>
> ——习近平

共产主义远大理想和中国特色社会主义共同理想,是中国共产党人的精神支柱和政治灵魂。要把坚定理想信念作为公安院校思想教育、忠诚教育的首要任务,教育引导学生牢记党的宗旨,解决好世界观、人生观和价值观这个"总开关"问题,自觉做共产主义远大理想和中国特色社会主义共同理想的坚定信仰者和忠实实践者。坚定对社会主义道路和共产主义的信仰,筑牢忠诚警魂。

(二) 政治纪律教育

公安机关作为党和人民手中的"刀把子",在确保国家政治安全的战斗中要冲锋在前,在维护社会大局稳定的过程中要勇于担当,在打击违法犯罪活动的斗争中要敢于亮剑,在为人民谋福祉的道路上要不断前行,这是公安机关的职责所在。

人民警察忠诚教育的重要目的就是要严明政治纪律,确保党和国家对公安机关的绝对领导,完成党和人民赋予人民警察的各项任务。公安院校学生作为公安事业的可靠接班人和生力军,必须旗帜鲜明讲政治,忠诚核心、拥戴核心、维护核心、捍卫核心;必须进一步认识公安姓党是公安机关的根本政治属性,是公安队伍永远不变的根和魂,在这事关旗帜、事关方向、事关道路的根本问题上,坚决服从党对公安工作的绝对领导,以党的旗帜为旗帜、以党的方向为方向、以党的意志为意志。

(三) 形势政策教育

公安院校形势与政策教育是公安院校思想政治教育的重要内容,是提高学生综合素质、开阔胸怀视野、增强责任感和大局观十分重要的方面。公安院校要根据学生思想与公安工作实际,以丰富生动的内容和学生喜闻乐见、灵活多样的方式积极开展形势与政策教育,让学生及时准确地了解国家大事,使党和国家的方针、政策在学生中入脑入心。

大学生思想活跃,关心国内国际时事。这是有效开展形势政策教育的基础。公安院校形势与政策教育要坚持以马克思主义为指导,紧密结合全面建设社会主义现代化国家、实现中华民族伟大复兴的实践,针对学生关注的热点问题,帮助他们认清国内外形势,教育和引导学生全面准确地理解党的路线、方针和政策,坚定在中国共产党领导下走中国特色社会主义道路的信心和决心。

(四)公安历史教育

人民公安是在中国共产党的坚强领导下,在中国民主革命、抗日战争和解放战争波澜壮阔的斗争历程中,逐渐成长起来的一支值得党和人民信赖的队伍。人民公安有着辉煌的历史,有着优良的传统与作风,在全国各地的公安战线上不断涌现出杰出的英雄人物,任长霞、金光镇、蒋敏、李博亚……他们的名字像灯塔一样照亮我们前行的路。这些公安英模就是最好的学习榜样。在每年新生的入警教育阶段,组织全体学生集体前往公安博物馆、校史陈列馆参观学习,就是铭记历史,缅怀先烈,鞭策大学生继承公安先辈优良传统,并努力在实践中发扬光大,在从事公安工作的道路上始终保持人民公安政治本色,让忠诚警魂代代相传。

"铁一般的理想信念、铁一般的责任担当、铁一般的过硬本领、铁一般的纪律作风",这是习近平总书记在全国公安工作会议上对锻造一支公安铁军的殷殷期许,是对每一位公安院校学生的勉励与期待。公安历史教育应该继承和发扬公安前辈们代代相传的红色基因和优良传统,让学生以"四个铁一般"要求自己,立志成为适应新时代公安工作要求的公安事业接班人。

(五)人民警察宗旨教育

全心全意为人民服务是公安机关人民警察工作的根本出发点和归宿。加强宗旨教育,不断培养学生的大局意识、政治意识、忧患意识、群众意识和法治意识。《中华人民共和国人民警察法》第三条规定了人民警察的宗旨:"人民警察必须依靠人民的支持,保持同人民的密切联系,倾听人民的意见和建议,接受人民的监督,维护人民的利益,全心全意为人民服务。"这一法律规定体现了公安机关和公安民警的本质与根本宗旨,也是对人民警察的职业要求。

公安院校要教育学生,在公安工作中,坚持以人为本,突出人性关怀,凸显人民警察的爱民本色。在新时代,人民警察务必要积极回应人民群众对公安工作的新期待,不断满足人民群众的新要求,以此推动公安工作和队伍建设持续科学地发展。

这些也是对党忠诚教育最主要的途径与方法,必须坚持不懈。

第三节　培育人民警察对党忠诚的特色方法

坚定的理想信念是政法队伍的政治灵魂。因此,必须把理想信念教育摆在对党忠诚的第一位,不断打牢高举旗帜、听党指挥、忠诚使命的思想基础,坚持党的事业至上、人民利益至上、宪法法律至上,永葆忠于党、忠于国家、忠于人民、忠于法律的政治本色。

在从警之初,针对公安院校学生,实施的是理论教学、学科渗透、实习实训中深化、校园忠诚文化建设等;踏上公安工作岗位之后,主要是结合公安实际工作,在打击违法犯罪、实施社会管理、服务人民群众、维护社会治安稳定中强化职责,深化忠诚。

积极采取有效的方式方法,是提高公安院校学生对党忠诚效果的关键。

一、在思想政治理论课程的教学中,强化对党忠诚教育

思想政治理论课是公安院校对大学生强化理论学习、提高思想政治素养、实现政治建警的主渠道、主阵地。这些课程中关于对党忠诚教育的资源非常丰富,利用这些资源教育学生懂得警察是和平年代吃苦多、奉献多、风险大的高危职业,是用辛劳、奉献、鲜血乃至生命捍卫平安的神圣职业。选择从警就要始终坚持对党绝对忠诚,明确警察职业的使命与责任,形成良好的对党忠诚品质。

二、开展忠诚教育专题讲座,强化对党忠诚意识

在学生中开展忠诚教育专题讲座,以提高对警察忠诚内涵、忠诚原则、忠诚规范的认识,努力实现警察忠诚原则和忠诚规范向学生个人品质的转化。学生到家门口的红色资源教学点开展"红色行走"现场教学,参与忠诚教育系列主题论坛,邀请公安英模、优秀民警讲述身边事和工作法,一线民警教官与学生交流职业忠诚感想等,都是具有特色的忠诚主题教育方法。

三、开辟网络"忠诚论坛",加强舆论引导

网络的交互、及时、无时间和空间限制、匿名等特点,使学生更加容易和愿意

通过网络表达自己的真实思想,也便于了解和收集。可以通过"忠诚论坛"的形式,建立即时交互平台,了解学生思想动向,并通过网络平台进行忠诚教育宣传。也可以建立忠诚教育专题网站,通过丰富多彩的网络文化活动,如网络征文、读书会等,引导学生广泛参与。邀请有关教师、辅导员和一线民警通过网站聊天室与学生进行交流,释疑解惑,加强正面引导,坚定对党忠诚信念。播放一些正反面典型视频,让学生明辨是非,内化对党忠诚理念。

四、传承革命优良传统,夯实政治纪律基石

公安队伍所具有的优良传统是在长期奋斗发展中形成的,并且是得到历代民警所认可的信仰、思想、习惯和行为。公安队伍的优良传统是忠诚观培育的传家宝,无论何时都不能丢弃,唯有如此才能使人民警察永葆政治本色。人民警察的纪律是在党的安全保卫部门纪律的基础上,在作为国家警察的情况下形成和发展起来的。人民警察的政治纪律作为人民警察政治原则、政治态度、政治立场的行为规则,是人民警察根本性质的体现。人民警察只有严格遵守政治纪律,坚持中国共产党的绝对领导,坚决执行党的路线方针政策,才能保持正确的政治方向,充分履行好自己的职责使命。

公安院校学生要构筑起更加坚实的忠诚基石,必须传承好公安先烈们用生命和热血铸就的忠诚品质,严守政治纪律,传承优良传统和红色基因,让忠诚文化之花在新时代更加绚丽多彩。

五、在实习实训中渗透忠诚意识

公安教育一个显著特点,是要不断与警务实践活动相结合。每年根据教学计划,学生都会定时定量到公安基层一线实习实训,而且都会与特定的时间节点结合在一起。如每年的元旦安保、春运安保、春节期间的治安维稳防控、"五一""十一"等重大活动的专项安保工作,都需要公安机关加大警力,在这个特定的时间安排学生参与基层实习实训,意义深远。学生走进公安基层派出所、交通队、看守所,参与公安基层实践工作。当他们接触到一件件具体的案件,目睹人民群众生命财产受到侵害,在与违法犯罪分子斗智斗勇中,较为模糊的警察意识会渐渐清晰与具体。在实习实训中,基层带教师傅与学校实习带教老师,务必要保持通力合作,针对学生的现实表现,及时有针对性地开展教育,深化忠诚内涵。学生在公安基层单位实习与实训

工作中的表现,既是检验公安教育成效的重要标尺,也是展示学生自身形象、体现自身素质的良好时机。围绕忠诚核心,强化实战训练,在公安实践中,体验与感受忠诚,锻炼坚强意志,完善忠诚人格,为打造共和国忠诚卫士而不断努力。

✳ **案例回放——忠诚·警察故事**

崔 道 植
——把毕生奉献给党和人民的公安事业

2021年6月29日,被誉为"中国刑警之魂"的中国首席枪弹痕迹鉴定专家崔道植获颁党内最高荣誉"七一勋章"。尽管已87岁高龄,他依然坚定:"只要国家需要,一声召唤,我将立即起身!""我的一切都是党给的,我的一切也都要交给党。"回忆起获颁"七一勋章"的光荣时刻,耄耋之年的刑侦专家崔道植激动不已。67年党龄,他情怀不老;66年警龄,他使命弥坚;87岁高龄,他退而不休。"七一勋章"获得者崔道植带给我们的是共产党员的信仰之光、公安战士的"道植力量"。

书写警界传奇　践行无悔誓言

被誉为"中国刑警之魂"的中国首席枪弹痕迹鉴定专家崔道植获颁党内最高荣誉奖章"七一勋章"。87岁的他面容清瘦,满头银发,穿着20世纪80年代的老警服,腰杆笔直地走上人民大会堂授勋台,格外引人注目。"在建党百年的历史时刻,获颁这枚宝贵勋章,我的心情特别激动。今天我们国家的和平稳定、人民的幸福生活来之不易,我们党经历了一个世纪的磨难与挑战,风雨兼程,换来了盛世太平,向伟大的时代、伟大的党致敬!"他感慨地说。

为国尽责、为民奉献,崔道植一路走来,成就了中国刑警的传奇。作为公安部首批特邀刑侦专家,从警60多年来,崔道植检验鉴定7000余件痕迹物证,参与办理1200余起重特大案件疑难痕迹检验鉴定,无一差错。他研发现场痕迹物证图像处理、枪弹痕迹自动识别系统,填补国内多项技术空白。他退休27年,却退而不休,在一起起惊天大案的破获背后留下无言身影。崔道植用汗水和心血,书写了中国警界重大疑难案件痕迹鉴定"定海神针"的传奇。"我将把毕生所学和积累的经验全部留给年轻一代,以一名共产党员的实际行动认真践行对党绝对忠诚的无悔誓言。"他深情地说。

坚持实事求是　细致做到极致

崔道植经常挂在嘴边一句话,"要实事求是,做什么,一定要实事求是"。真正做到这一点不容易。

大案要案的侦破往往会因证据不足而陷入僵局,而崔道植的痕迹检验工作却总能拨开迷雾。作为中国最早研究枪弹痕迹鉴定的专家之一,发现与辨别纤如发丝的弹痕是崔道植的独门绝技,这源于他无数次辨枪识弹练就的不凡功力。弹痕追凶,常人看来毫无差别的微小痕迹,在崔道植眼中却有见微知著的大学问,不同的犯罪现场,分别有不同的痕迹"表情"。崔道植的神奇之处在于,他能够精准捕捉犯罪现场绝无雷同的"表情",它可能是枪弹痕迹,也可能是一个足迹、半枚指纹或一个咬痕,透过对这些痕迹"表情"的分析,崔道植能准确还原现场作案过程,进而圈定犯罪嫌疑人。每完成一项痕迹鉴定,崔道植都会在刑事科学技术鉴定书上郑重地签下自己的名字,在中国刑事技术侦查领域,他的签名意味着专业、权威,代表着一种能被信赖的技术标准。"我做的每一份检验鉴定都要经得起时间的考验。""几十年当中,工作是很枯燥,也很累,但每到现场发现了一个痕迹、一个物证,或者有更多的发现,就很高兴,非常兴奋,经过鉴定,那就更有成就感了。"至今,崔道植仍奋战在刑侦一线,刑侦生涯跨越60年,他在工作上的急脾气始终没改,只要任务来了,他就进入忘我工作的状态。

弘扬"道植力量" 激发奋进动力

许党报国,初心如磐。崔道植用无私的奉献,诠释了平凡英雄的时代风采;用无悔的忠诚,标注了共产党员的精神高度。

一路走来,崔道植这位老刑警有着不变的执着与坚定。1934年6月,崔道植出生在一个贫困的朝鲜族家庭。1951年,17岁的崔道植放弃保送高中的机会,加入中国人民志愿军。1955年,他转业到黑龙江省公安厅,成为我国第一代刑事技术警察,也是当时黑龙江省公安厅唯一的刑侦技术人员。其后,崔道植一直穿梭在各个案件现场、鉴定实验室。正如崔道植自己所说,"我们小学、中学念书的费用,都是政府助学金资助的,在我心中,党是我的母亲,祖国是我的母亲,是党解放了我、养育了我、教育了我、培养了我。我的生命、我的一切都是党给我的。我对党,始终都深怀感恩之心。作为一名老共产党员,站在'两个一百年'奋斗目标的历史交汇点上,看到如今国家这么强大,我时常感慨今日幸福生活来之不易。我们要做到'饮水思源',始终保持初心,立足平凡、脚踏实地做好本职工作,一心为党、为国家、为人民,不负使命与信仰"。

退休之后,崔道植始终没有停下忙碌的脚步,仍工作在刑侦一线。1994年6月,崔道植退休后被黑龙江省公安厅返聘;1999年,他又被公安部聘为"公安部特邀刑侦专家"。崔道植的"警察之家"有着割舍不断的刑警情缘。他的3个儿子都是刑警,小儿子崔英滨子承父业,也从事刑事技术工作。在经年累月的耳濡目染中,崔英滨感受到了父亲的信仰力量,在追赶父亲的道路上,他渐渐成了父亲那样的人。

"我的一生,都是听从党的安排。"听党话,跟党走,完成好党交给的每一项任务,成为崔道植一生的执着信念和精神力量。他说自己是"党养大的孩子",只要国家需要,一声召唤,他将立即起身。在崔道植心中,坚定的信仰和永恒的初心使命成为不竭的原动力,能排除一切阻力,克服一切困难。

(资料来源:中国公安信息网站2021年7月6日和2021年12月5日)

点评:60年来初心不改,淡泊名利,一心报国。崔道植同志把永远听党话、跟党走、忠诚党的事业作为一生的执着信念和动力源泉,他先后荣获全国最美奋斗者、全国公安系统一级英雄模范等荣誉,被授予"七一勋章"更是全国公安队伍的光荣。

作为一名中国人民警察预备警官,我们要学习他坚定信念、对党忠诚的政治信仰,学习他艰苦朴素、公而忘私的崇高品德,学习他淡泊名利、不怕吃苦、甘于奉献的钻劲、韧劲,学习他勇于创新、追求卓越的工匠精神,为维护社会平安稳定贡献自己的力量!

【思考与实践】

1. 课外实践:学生课后参观中共一大会址,理解中国共产党创建伊始的初心和使命。

2. 课后观看电影《建党伟业》《1921》,感受共产党人的理想与激情、光荣与梦想,小组讨论,课堂分享。

3. 主题活动:围绕人民警察忠诚教育的内容,可从"人、物、事、魂"的视角,确定一个主题,寻找一张照片(一段视频),讲述一个故事,书写一段感想。

第三章 忠于国家:培育爱国、献身的家国情怀

公安机关是人民民主专政的重要工具,须坚持总体国家安全观,把维护以政权安全、制度安全为核心的国家政治安全作为公安工作的根本着眼点和着力点。新时代,公安机关肩负的使命任务是坚决捍卫政治安全、全力维护社会安定、切实保障人民安宁,为全面建设社会主义现代化国家,全面推进中华民族伟大复兴创造安全稳定的政治社会环境。

公安机关人民警察,是武装性质的国家治安行政力量和刑事司法力量,是依法履行公职,纳入国家行政编制,由国家财政负担工资福利的工作人员。因此,人民警察必须忠于国家。人民警察忠于国家与通常意义上的爱国主义有哪些异同?人民警察忠于国家包括哪些具体内容?其实现的具体路径又有哪些?

> 【学习目标】
> 通过对人民警察忠于国家内容的理解,牢记人民警察的职责,坚持忠于国家对人民警察的基本要求,培育人民警察爱国、献身的家国情怀。
>
> 【学习重点】
> 本章的重点是掌握和理解公安机关人民警察的职责,明确忠于国家是人民警察的基本品质,掌握忠于国家的基本要求和主要内容。
>
> 【学习难点】
> 理解人民警察忠于国家的特色方法,熟练掌握公安机关人民警察的职责,从而提高人民警察坚守忠于国家的自觉性、主动性。

第一节 忠于国家是人民警察的基本要求

党的二十大报告指出,国家安全是民族复兴的根基,社会稳定是国家强盛的

前提。在新的历史条件下,人民警察忠于国家有哪些具体内容呢?作为新时期的人民警察应该怎样体现对国家忠诚呢?这就是下面我们要一起学习和探讨的主要问题。

一、忠于祖国是人民警察对国家忠诚的思想基础

忠于祖国首要是爱国。忠于祖国的核心是对祖国怀有深厚的感情和诚挚的"爱",它表现为对祖国的河山、文化、人民以及优良历史传统的热爱,对社会主义祖国命运和前途的关心。爱国主义其实是一种对祖国、对民族最朴素的情感,是建立在理性认识基础上的一种民族精神和国家意识。

(一)爱国主义是民族情感的积淀

千百年来,在华夏大地这片热土上,多少仁人志士抱着对祖国山川的热爱,吟唱着风雅颂之曲,传递着自强奋斗的民族精神,前赴后继,抛头颅洒热血,在历史的风雨兼程中,上下求索,追求着祖国的强大与繁荣,诠释着坚韧的爱国力量,他们永远是我们热爱祖国、保卫祖国的榜样。爱国从来不是空洞的口号,而有着切实的内涵。古人云:"报国之道有四:一曰贡贤;二曰献猷;三曰立功;四曰兴利。"爱祖国就像爱亲人、爱家乡一样,是中华儿女一种自然与朴素的情感。这种朴素的情感在祖国需要的时候,就升华为对祖国的忠诚。爱国主义具有鲜明的时代特点。在民族危难的时候,爱国主义表现为坚贞不屈的民族气节,砥砺着人们与侵略者血战到底的气概。

列宁曾经指出:"爱国主义是由于千百年来各自的祖国彼此隔离而形成的一种极其深厚的感情。"[①]人类从告别游猎生活的那天起,就长期生存、繁衍在一定的水土之上,日久生情,随着时间的推移,便产生了对这片故土以及故土之上具有相同血缘关系的亲人的依恋和热爱,这些具有相同血缘关系的亲人最终便形成了我们现在所谓的民族。由于私有制的出现,产生了国家,生活在同一民族和国家的人们,逐步形成了共同的经济生活、语言文化和风俗习惯。这时,以往热爱故土、依恋亲人的朴素情感,就逐渐上升为热爱民族和忠诚报国的深厚感情。这种感情渗透到政治、法律、道德、文化之中,就上升为一种深刻、稳定的社会意识形态,也就是我们所说的爱国主义。同时,祖国作为一个集自然、政治、经济、文化与历史为一体的综合概念,由一定的社会历史阶段、一定区域内的国土、民

---

① 列宁.列宁全集(第28卷)[M].北京:人民出版社,1956:169.

族和国家机器等要素构成的社会共同体,它为人们的生存和发展提供了自然的、政治的、文化的和社会的环境;人们则以自己的创造性劳动建设祖国,促进祖国的发展,并从中满足自己的生存和发展需要。"我们每个人都生活在社会之中,都是祖国大家庭中一名成员。每个人的进步和发展都是同祖国的进步和发展紧密联系在一起的,每个人的利益都是同祖国的利益紧密联系在一起的。"

(二)爱国主义是中华民族的传统美德

中华民族的爱国主义传统同我们祖国一样历史悠久,源远流长。一是缔造、维护民族的团结和祖国的统一。从炎黄氏族的统一,到夏禹开国;从商汤灭夏、武王伐纣,到周天子一统天下;从春秋战乱,到秦始皇"一扫六合";从魏晋分家,到宋金对峙……虽然分分合合,但主导趋势无不是走向更广泛的联合与统一。二是反抗阶级压迫,推动社会进步。历代的农民起义,如陈胜、吴广、黄巾、黄巢、朱元璋、李自成、太平天国等,都在不同程度上推动了那个朝代经济、政治和文化的进步。三是反对帝国主义侵略,维护民族独立和国家主权。特别是明清时期,我国各族人民在反对外国侵略者的斗争中,同仇敌忾,充分显示了中华民族同敌人血战到底的英雄气概,显示了中华儿女视祖国利益、民族尊严重于生命的爱国主义精神。戚继光抗击倭寇,郑成功收复台湾,林则徐虎门销烟,三元里人民抗英,台湾人民抗日,以及太平天国的英雄们反抗英、美、法、俄等列强干涉中国内政、侵犯中国主权的英勇斗争和义和团、小刀会的反帝运动,都谱写出中华儿女爱国主义的动人篇章。四是变革图强,振兴中华。林则徐、魏源的"师夷长技以制夷",洋务派的"中学为体、西学为用",康有为、梁启超的百日维新,孙中山的资产阶级民主共和,毛泽东、邓小平等老一辈革命家积极宣扬马克思主义和共产主义思想,中华儿女为建立新中国抛头颅、洒热血,都体现出"变革图强、振兴中华"这一鲜明的爱国主义特征。五是开发祖国山河,创造灿烂的中华文明。几千年来,勤劳、智慧、勇敢的中华儿女艰苦奋斗、自强不息、探索自然、改造山河,在为我们创造了发达的物质文明的同时,也为我们留下了灿烂的精神文明。

位卑未敢忘忧国。

——陆游

阅读窗

国际禁毒日与虎门销烟

1839年6月,清政府委任钦差大臣林则徐在广东虎门集中销毁鸦片。6月3日,林则徐下令在虎门海滩当众销毁鸦片,至6月25日结束,共历时23天,销毁鸦片230多万斤。

虎门销烟从一定程度上遏制了鸦片在中国的泛滥,在民间产生了积极的影响。这次禁烟运动大大增加了中国广大民众对鸦片危害性的认识,使更多人看清了英国向中国贩卖鸦片的本质,唤醒了中国人民的爱国意识。经过这次事件,禁烟英雄林则徐被中国人尊为民族英雄。其清廉、刚正不阿的品质也为后人所传颂。林则徐领导禁烟运动的胜利,维护了中华民族的尊严和利益。"虎门销烟"是中国近代史上反对帝国主义的重要史例,也是人类历史上旷古未有的壮举。史学家认为,它展示出了中华民族反对外来侵略的决心,对中国人民抗击外来侵略有着标志性的意义。

虎门销烟成为打击毒品的历史事件。这次事件还成为世界禁烟运动的一个范例,历史上很多国家、地区结合自身的情况对此予以效仿,抑制毒品泛滥。

1987年6月12日至26日,联合国在维也纳召开由138个国家的3000多名代表参加的麻醉品滥用和非法贩运问题部长级会议,会议提出了"爱生命,不吸毒"的口号。与会代表一致同意将6月26日定为"国际禁毒日",以引起世界各国对毒品问题的重视,同时号召全球人民共同来解决毒品问题。同年12月,第42届联合国大会通过决议,正式将每年6月26日确定为"国际禁毒日"。

(三)爱国主义是人民警察必备的思想品质

回顾历史我们不难发现,中华民族的每一步历程,无不凝结着一代又一代爱国志士的青春热血。"秦时明月汉时关,万里长征人未还""将军百战死,壮士十年归",千百年来,深厚的爱国情感不断激励着我们为实现和维护祖国的统一、保卫国家的主权和安全而前赴后继。有的心系边关,舍家卫国;有的马革裹尸,捐躯沙场。这些,不但是人民警察爱国主义情操的重要思想根源,更应该在新一代人民警察身上得到升华。同时,人民警察这一神圣职业本身的责任感和使命感,也告诫我们,人民警察的爱国主义情感不仅是对现代化建设成就的由衷喜悦,不仅是对和平安宁环境的格外珍爱,更是对历史教训的深刻反思。在当代中国,爱国主义的主题就是建设中国特色社会主义,表现的是奉公守法、敬业爱岗、恪尽职守,以自己的劳动和智慧推进中华民族伟大复兴。

忠于祖国是历史的要求。在新的战略机遇期,忠于祖国要表现为忠于社会主义制度的中华人民共和国。我们是共和国的人民警察,与共和国生死攸关、存亡与共。人民警察应时刻牢记公安机关是人民民主专政的重要工具,是武装性质的国家治安行政力量和刑事司法力量,肩负着打击敌人、保护人民、惩治犯罪、服务群众、维护国家安全和社会稳定的重要使命。忠于中华人民共和国是人民警察的唯一选择。

党的二十大报告指出,必须坚定不移贯彻总体国家安全观,把维护国家安全贯穿党和国家工作各方面全过程,确保国家安全和社会稳定。当前,我们要在习近平新时代中国特色社会主义思想的指导下,特别是在习近平总书记关于总体国家安全观的重要论述指导下,着眼能力建设,创新体制机制,全面深化公安改革,加强和改进新形势下公安工作和公安队伍建设,不断提高社会治理效能和服务群众水平,切实履行好维护国家政治安全、确保社会大局稳定、促进社会公平正义、保障人民安居乐业的神圣使命。人民警察的警徽上镶嵌着国徽,每时每刻都在昭示着我们:国家至上。在共和国的发展历程中,有许许多多的人民警察以自己的实际行动和鲜血生命实践着忠诚卫士的称号。中华民族的复兴,要求人民警察一定要树立祖国利益高于一切的思想,自觉地把个人命运和祖国前途紧密地结合在一起。"天下兴亡,匹夫有责",人民警察必须立报国之志,蓄报国之才,常抱"先天下之忧而忧,后天下之乐而乐"的理念,把公安工作与捍卫祖国安全紧密地联系起来,把维护社会主义祖国的利益看作是自己一切行动的出发点和归宿。当祖国的安全和利益受到侵犯时,敢于挺身而出,甚至不惜牺牲个人的生命,与一切危害国家安全和利益的行为作坚决的斗争。

二、人民警察忠于国家必须坚定无产阶级的政治立场

不论在何种历史发展阶段、何种国家,警察的本质都是一样的,它都是统治阶级专政的重要工具,是统治阶级为维护统治秩序而设置的武装性质的国家治安行政力量。警察通过维护国家安全和社会治安秩序直接为统治阶级服务。这决定了每一个时代的警察都必须忠实地执行统治阶级的国家意志,竭力维护阶级统治,实行对被统治阶级的专政。也就是说,警察具有鲜明的阶级性。资产阶级学者所谓"警察自然起源论",提出警察是人类社会自然产物,是人类产生以来就有的;还有"福利警察论",认为"警察的任务是维护公共秩序,……促进人民福利"等,想以此否定警察的阶级性。其实,这些理论的提出,恰恰是为维护资产阶

级的利益服务的,是资本主义国家警察的资产阶级性质的具体体现。我国人民民主专政的国体决定了公安民警的性质是人民民主专政的工具,决定了公安民警必须为无产阶级和广大人民群众服务,在观察和处理问题时,必须站在无产阶级的立场上,坚持从人民的利益出发。

祖国如有难,汝应作前锋。

——陈毅

公安民警不仅具有鲜明的无产阶级性,而且还是具有武装性质的治安行政管理力量。公安民警担负着维护国家安全,维护社会治安秩序,保护公民人身安全、人身自由和合法财产,保护公共财产,预防、制止和惩治违法犯罪活动,保障改革开放和社会主义现代化建设的顺利进行的基本任务。其工作的根本目标是依法维护以人民民主专政政治制度为中心的政治关系不受侵犯;依法维护社会主义的经济关系和其他合法的经济关系不受侵犯;依法维护社会主义核心价值不受侵犯;依法保护社会生产力和物质财富不受侵犯;依法保护公民的民主权利和人身权利以及其他合法权益不受侵犯;依法维护社会治安秩序不受侵犯等。公安民警所担负的任务是非常艰巨的,其历史使命也是非常神圣而严肃的。公安民警能否履行好自己的职责,直接关系到党和人民的利益,而要完成公安工作的任务,又必须坚持党的领导和争取人民群众的支持。

公安机关根据人民警察性质和任务的要求,特别重视公安民警确立和坚持正确的政治立场问题。在早期的保卫机构(如中央特科、政治保卫处、肃反委员会等)中,就对政治保卫人员的政治条件,其中包括政治立场问题提出要求,并通过开展政治工作,帮助政治保卫人员坚定正确的政治立场。在几十年的公安队伍建设实践中,公安机关始终把对公安民警的政治素质要求放在首位,强调公安民警必须坚定无产阶级立场,必须有高度的政治觉悟,做任何工作必须从党的利益出发,必须从人民群众的利益出发。如第九次全国公安会议通过的公安人员《八大纪律十项注意》中十项注意的第一条,就是"立场坚定,敌我分明"。党的十一届三中全会以后,根据新形势对公安民警的要求,公安机关明确提出了政治建警的口号,并强调必须把政治建设放在公安队伍建设的首位。公安民警必须坚定政治立场,这不仅是公安机关的号召和要求,也是公安民警必须遵守的道德规范、纪律规范和法律规范,更是公安民警忠于国家的体现。

第二节 忠于国家的主要内容

一、警察与国家的关系

马克思主义认为,警察是一个历史范畴,是人类社会发展到一定历史阶段的产物。自人类社会进入阶级社会之后,随着国家的产生,警察才随之产生。马克思主义认为,警察的产生是随着生产力的发展、社会的进步、阶级关系的变化,统治阶级为解决国内复杂矛盾而实施的一种统治方式。在原始社会末期,出现了私有制,氏族社会瓦解,社会分裂为对立的阶级,在阶级矛盾发展到不可调和的时候,就产生了国家,同时也就有了警察。现代意义上的警察,是经过人类社会漫长的发展,国家政体逐步变迁才演变过来的。

警察同军队一样,是国家机器的重要组成部分,是阶级统治的工具。警察权力的来源与政治权力的来源是一致的。警察权力是政治权力的一个组成部分,政治权力的来源即为警察权力的来源。在马克思看来,国家是阶级统治的机关,是一个阶级压迫另一个阶级的机关,是建立一种秩序,来使这种压迫合法化、固定化,使阶级冲突得到缓和。警察依照国家赋予的权力和手段,忠实地执行统治阶级的国家意志,无条件地执行国家的法律和政策,担负起维护国家安全和社会秩序的任务,是代表国家行使权力的一个重要的政治工具。警察作为专政工具,带有强烈的国家性、政治性和阶级性的特征。警察发展的历史表明,警察具有严格的政治要求。一要忠于国体,忠于宪法,在政府控制下进行活动。二要无条件地执行国家的法律和政策,忠实地按照统治阶级的意志办事。三要把好招募、训练、教育等关口,保证政治忠诚,素质优良。

《中华人民共和国人民警察法》"总则"规定:人民警察的任务是维护国家安全,维护社会治安秩序,保护公民的人身安全、人身自由和合法财产,保护公共财产,预防、制止和惩治违法犯罪活动;人民警察必须依靠人民的支持,保持同人民的密切联系,倾听人民的意见和建议,接受人民的监督,维护人民的利益,全心全意为人民服务;人民警察必须以宪法和法律为活动准则,忠于职守,清正廉洁,纪律严明,服从命令,严格执法;人民警察依法执行职务,受法律保护。这些法条都规定了警察的权力来源,同时也是其政治性的法律依据。

马克思等经典理论作家还特别指出,任何一个国家都具有政治统治和社会管理的双重职能。在《家庭、私有制和国家的起源》一书中,恩格斯认为,国家本质特征的一个表现,即代表整个社会,对公共事务进行管理的公共性。国家职能的双重性,决定了警察职能的双重性。由于国家政权的稳定是阶级统治的根本问题,只有牢固的政治统治,才能按照统治阶级的意志去行使社会管理职能,所以警察的政治统治职能通常居于首要地位。然而,警察又担负着许多社会管理职能,这种社会管理职能是其政治职能的基础和条件,在客观上有利于人民群众。但是我们不能把警察的管理职能看作是警察职能的全部,单纯用警察的社会管理职能去理解警察的性质,从而得出否定警察的阶级性、政治性的错误结论。

对于警察的职权,《中华人民共和国人民警察法》专列一章给予了特别规定,其中,第六条又对警察的职责作出了相关的规定。

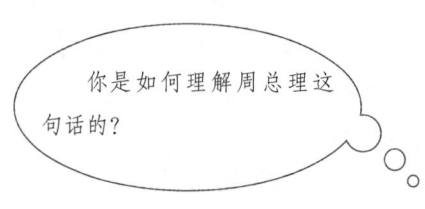

国家安全和社会稳定是改革发展的前提,只有国家安全和社会稳定,改革发展才能不断推进。公安机关是维护国家安全和社会治安的最主要力量,正如周恩来总理所说的:"和平时期,国家安危,公安系于一半。"

二、人民警察忠于国家的具体路径

在社会主义现代化建设时期,国内外政治、经济、军事各方面的新形势、新特点,对公安民警继承和发扬爱国主义光荣传统,坚持国家忠诚提出了新的要求。人民警察作为特殊的国家公职人员,必须"维护国家的安全、荣誉和利益",要打击一切危害国家利益的言行,做祖国的坚强卫士。爱国,不仅是对祖国的一种深厚感情,而且是报效祖国的具体行动。在中华民族伟大复兴的过程中,公安民警应该继承和发扬爱国主义光荣传统,牢记国家忠诚,担负起维护国家安全和社会稳定的职责。

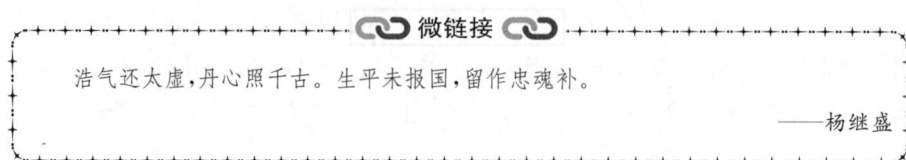

微链接

浩气还太虚,丹心照千古。生平未报国,留作忠魂补。

——杨继盛

（一）面对西方国家加紧推行"西化""分化"中国的新形势,公安民警要牢记对国家忠诚,维护国家政治安全

苏联和东欧社会主义制度解体后,一些西方国家把"西化""分化"的矛头主要对准了中国。他们以维护"人权""民主"为借口,不断地向我国施压;他们支持煽动暴乱分子、分离势力,试图颠覆我国人民民主专政的国家政权;他们煽动边疆少数民族分裂分子加紧活动,制造民族分裂。我们公安机关处在与西方国家"西化""分化"斗争的第一线,国际斗争中出现的这种新情况,要求我们应该高度警惕,及时揭露和打击他们的颠覆破坏活动,保卫国家的独立自主和领土、主权完整,维护国家政治安全和政权安全。

微视频:《这,就是他们的选择!》

（来源:中国警察网）

（二）边境治安问题突出,要求公安民警忠诚于国家,为人民守好国门

随着对外交流的扩大,出入我国边境的人员日益增多,边境贸易、旅游迅速发展,边境治安问题也日益突出:毒品犯罪严重,走私犯罪猖獗,偷渡屡禁不止。边境地区出现的这些新情况、新问题,要求公安机关增强戍边意识,提出相应的管理方法和措施,为祖国守好大门。

（三）国内社会问题复杂,要求公安民警坚守国家忠诚意识,为建设中国特色社会主义创造安定的社会环境

随着改革开放的深入和社会主义市场经济体制的建立,不可避免地会涉及一部分人的切身利益。由于我国社会保障机制还不够健全,由于有些地方的领导对群众疾苦关心不够,由于一些人不能正确对待改革过程中出现的暂时困难,难免出现上访、请愿、游行等群众性治安事件。此外,封建迷信的死灰复燃和受一些歪理邪说的欺骗,使相当一部分地区和群众受到了消极影响,形成了新的不稳定因素。与此同时,国外敌对势力、一些所谓的"民运"分子、民族分裂主义者也蠢蠢欲动,企图挑起动乱、暴乱和民族分裂活动。这些问题中,既有人民内部

矛盾,又有敌我矛盾,两类不同性质的矛盾往往交织在一起,这就给处理带来相当大的困难。社会治安的这种新情况、新特点,要求公安民警提高政策水平,增强处理社会治安问题的能力,维护安定团结的局面,为中国特色社会主义建设创造稳定的国内环境。

（四）公安队伍建设面临新课题,要求公安民警坚持对国家忠诚,承担起服务改革开放和社会主义现代化建设的重要使命

随着社会主义市场经济体制的建立,经济基础和上层建筑许多领域都发生了深刻的变革,社会结构、人们的价值观念、传统的人际关系,也不可避免地会发生很大变化。这使公安保卫队伍建设面临着许多新课题:随着多种经济成分的出现,公安保卫工作的范围从公有制企业拓展到三资企业;随着国门的打开,公安工作范围从国内拓展到国外;随着市场经济的发展,经济杠杆作用明显加大,公安工作的注意力从政治领域深入经济领域;随着科学技术的普遍应用,公安工作的技术设备亟须更新换代;由于拜金主义、享乐主义和权钱交易等腐朽思想的侵蚀,公安队伍拒腐防变、为警清廉等问题也提到议事日程。所有这些,都要求公安民警坚持对国家忠诚,加强自身建设。

（五）牢固树立祖国利益高于一切的爱国主义思想,在祖国和人民需要的时候,临危不惧,勇于献身

这是对国家忠诚的最高境界,一切民族英雄、爱国志士、革命先烈无不具有这种崇高的精神。公安民警是身系国家安危的忠诚卫士,必须具有这种爱国献身精神。公安民警是维护国家安全和社会稳定的专门力量。公安工作是和平时期需要付出较大牺牲的职业,要保证人民民主政权巩固,社会主义现代化建设顺利进行,人民安居乐业,就必须打击敌人,惩治犯罪。"要奋斗就会有牺牲,死人的事是经常发生的。"和平时期的公安工作依然具有战争年代的这一特点。公安民警在公务活动中,经常面对流血牺牲的危险:制止各类犯罪,要受到罪犯的刀枪威胁;抢险救灾,是同无情的水火作斗争。特别是最近几年,暴力犯罪、带有黑社会性质的团伙犯罪有所增多,重大灾害事故时常发生,这就更增加了公安民警职业的危险性。公安民警的职业特点,反映了这一职业对爱国奉献精神的高层次要求。特殊的岗位,要求公安民警必须把祖国利益放在高于一切的地位,为了祖国和人民的利益,平时能够以事业为重,甘于牺牲家庭和个人的利益;在祖国和人民需要的时候,勇于流血牺牲,献出自己宝贵的生命。

阅读窗

总体国家安全观之核心要义

2014年4月15日,习近平总书记主持召开中央国家安全委员会第一次会议。习近平总书记在讲话中首次提出总体国家安全观,阐述了总体国家安全观的基本内涵、指导思想和贯彻原则。

总体国家安全观是一个内容丰富、开放包容、不断发展的思想体系,其核心要义可以概括为五大要素和五对关系。五大要素就是要以人民安全为宗旨,以政治安全为根本,以经济安全为基础,以军事、科技、文化、社会安全为保障,以促进国际安全为依托。五对关系就是既重视发展问题,又重视安全问题;既重视外部安全,又重视内部安全;既重视国土安全,又重视国民安全;既重视传统安全,又重视非传统安全;既重视自身安全,又重视共同安全。总之,厘清五大要素、把握五对关系,是理解总体国家安全观的关键所在。

(六)树立热爱党、拥护社会主义现代化建设的坚定信念,认真履行保卫和参加社会主义现代化建设的职责

中国共产党是中国革命和中国社会主义现代化建设事业的领导核心。公安民警是人民民主专政的重要工具。坚持党对公安工作的绝对领导,是公安工作的根本原则,是公安民警政治上合格的可靠保证。只有坚持党的绝对领导,才能保证公安机关的无产阶级性质,才能保证公安民警更好地履行保卫和建设社会主义现代化的职能,保证各项工作任务的完成。公安民警作为党直接领导下的人民民主专政的重要力量,具有社会先进分子的特征。其爱国主义的内涵与普通群众相比,具有特殊的本质要求。公安民警的爱国主义是社会主义的爱国主义。爱国就是爱中华人民共和国,爱中国特色社会主义,就是认真担负起服务改革开放和社会主义现代化建设的历史使命。公安民警爱党、拥护党领导的社会主义现代化事业,就要拥护和贯彻党的基本路线,自觉地、主动地保卫和服务于社会主义现代化建设,维护国家安全和社会稳定;就要积极参加社会主义现代化建设,为国分忧,为现代化建设出力。

(七)树立全心全意为人民服务的思想,遵纪守法,清正廉洁,勤政为民,确保人民安居乐业

对于无产阶级和中国共产党来说,热爱人民与热爱祖国是统一的,祖国的利

益与人民的根本利益是一致的。全心全意为人民服务,是中国共产党的根本宗旨,也是公安民警的根本宗旨,是公安民警爱国主义的重要内容、重要表现。在工人阶级领导的、以工农联盟为基础的人民民主专政的社会主义国家里,人民群众是我国人民民主专政的基础力量,是公安保卫工作力量的源泉。公安工作只有建立在依靠人民群众的基础上,把群众路线作为公安工作的根本路线,才能有战无不胜的力量。因此,公安民警必须树立全心全意为人民服务的思想,把为人民服务作为一切工作的出发点和归宿。公安民警全心全意为人民服务,必须树立牢固的公仆意识,真心实意地当人民的勤务员,不当作威作福骑在人民头上的老爷;必须克己奉公,不搞特权;必须增强拒腐防变的能力,不沾不染,作艰苦奋斗的模范;必须树立鲜明的是非观、爱憎观,同一切危害人民利益的现象和行为作斗争,保护人民的合法权益不受侵犯,勤政为民,确保人民安居乐业。总之,全心全意为人民服务,是爱国主义的一项重要内容。公安民警的权力是人民赋予的,应该把它用来为人民服务,在打击犯罪、保护人民的斗争中,实现我们的爱国宏愿。

> **微链接**
>
> 在学习中,在劳动中,在科学中,在为人民的忘我服务中,你可以找到自己的幸福。
> ——[苏联]捷尔任斯基

(八)树立牢固的法治观念,有法必依,执法必严,铁面无私,秉公办案

社会主义法治是保证社会主义长治久安、长盛不衰的重要条件。热爱社会主义祖国,就应该推动国家法律制度的建立和健全。公安民警是代表国家执法、护法的专门力量,要做到铁面无私,秉公办案,有法必依,执法必严,必须学法、知法、懂法,树立牢固的法治观念;必须正确处理权与法的关系,敢于碰硬,不怕高官和权势,不怕刁难和报复,敢于以大无畏的精神同滥用职权、以权压法的人进行斗争。只有这样,才能有力地打击犯罪分子的嚣张气焰,有效地保护人民利益,伸张正义,维护法律尊严,促进社会风气的好转,在执法护法的岗位上,为祖国和人民作出重大贡献。

(九)树立热爱公安保卫工作的思想,开创公安保卫工作的新局面

公安保卫工作,是关系到国家安危的重要工作。中华人民共和国成立初期,周恩来总理就曾语重心长地对出席第一次全国公安会议的代表说:"国家安危,你们担负了一半的责任。"热爱公安保卫工作,爱岗敬业,对公安民警来说,是对

国家忠诚的重要内容和表现。开创公安工作新局面,就要进一步解放思想,大胆改革创新,积极探索适应社会主义市场经济的公安工作新路子,努力做到更科学、更有效地为改革开放和经济建设服务。

公安民警是一支具有光荣革命传统的队伍,在长期的公安保卫工作中已经为党、为人民、为祖国作出了重大贡献。今天,在建设中国特色社会主义现代化强国的进程中,仍然需要我们坚定不移地执行党的路线、方针和政策,认真履行公安保卫工作职责,成为忠于国家的建设者和捍卫者。

第三节　培育人民警察忠于国家的特色方法

一、要知我中华,努力培养爱国献身的国家情怀

爱我中华,必先知我中华。一是要学习历史。学习中华民族建设祖国家园,创造灿烂文明的历史;学习中华民族反抗外来侵略,捍卫国家主权的历史;学习中华民族推动历史变革,促进民族振兴的历史;学习中华民族反对民族分裂,维护祖国统一的历史;更要学习和了解中国特色社会主义的生动实践。"常思奋不顾身,以徇国家之急",是人民警察崇敬和恪守的道德准则。二是要对祖国建设充满信心。我们伟大的祖国从来也没有像今天这样经济发展、政治稳定、社会进步、国力强盛,今天的中华民族,正如醒狮雄起,巨龙腾飞。只要我们坚定"四个自信",同心同德、万众一心、艰苦奋斗、开拓前进,必将在新时代创造出更加辉煌的成就。三是要全面地、辩证地了解和认识中国的国情。既要从了解祖国的锦绣河山中激发热爱之情,也要从认识我国自然条件的某些不足之处增强忧患意识;既要为中华民族的悠久历史和灿烂文化而自豪,又要为中国近代史上落后挨打的状况而警醒,把人民警察的爱国热情转化为奋发图强、振兴中华的强大动力。

公安工作的性质、任务、宗旨和公安民警的职业责任、工作特点决定了公安民警必须要有爱国献身的国家情怀。热爱公安工作是爱国献身的起点和先决条件。只有认识到从事人民公安事业的幸运和光荣,才能牢固地培养起对本职工作的热爱之情和献身之志;才能具有强烈的职业荣誉感,把与犯罪和邪恶作斗争引以为豪,以苦为乐,以善为荣;才能具有强烈的职业使命感,切实履行自己的职

责,不允许有任何不负责任的言行,损害公安民警的形象;才能确定崇高的理想,视事业如生命;才能有献身公安事业的永恒热情和动力,走上兢兢业业、任劳任怨、恪尽职守的奉献之路。公安民警职业活动的环境相对恶劣,刑警要面对惨不忍睹的凶杀场面;交警酷夏一身汗,寒冬一身雪;巡警出入大街小巷,救急抢险,夜以继日,风雨无阻。公安工作时间长,具有不确定性,案情、险情就是命令,越是节假日,越是繁忙和紧张。公安民警的职业是和平环境中最危险的职业,在消灾灭害中,水火无情;与犯罪分子作斗争,经常要面对暴力的抵抗,随时有流血牺牲的可能。这些都说明,公安民警的职业具有艰苦性和危险性的特点,只有对公安事业无限忠诚,具备了奉献和牺牲精神的人,才能干好这光荣而豪迈的事业。

二、要看清形势,时刻不忘履行人民警察的职责和使命

公安机关是我国国家机器的重要组成部分,公安工作关系到国家政权的巩固与建设,公安民警是维护国家安全、政治稳定的重要力量,是经济社会发展、人民安居乐业、社会公平正义的直接保障。这就要求公安民警必须充分认识自己肩负的历史责任,日常工作中能忠于职守、忘我工作;紧急关头时,能甘于奉献、挺身而出、临危不惧。只有当公安民警时刻不忘其职责和使命,公安机关的职能作用才能有效发挥。第一,必须增强政治意识。缺乏政治意识,对政治漠不关心,必然在政治上麻木不仁,就会对社会上某些腐朽的、低级趣味的、封建迷信的东西缺乏必要的认识和警觉,不敏感、不鉴别、不批评、不制止,听之任之;就会对国内外敌对分子妄图"分化"和"西化"我们的图谋缺乏清醒的认识,存在着单纯的业务观点和经济观点等。因此,今天一个十分重要的任务,就是要增强公安民警的政治意识,帮助公安民警用政治眼光看问题,注意观察和发现政治问题和有政治意义的问题。在这里,不仅要使公安民警能够从政治上看政治问题,还要使公安民警能够用政治的眼光看待经济、文化等各个领域中的现象和问题。第二,必须具有宽广博大的政治胸怀和政治眼界。邓小平同志曾经倡导议事要议大事,要把眼界搞开阔些。人的精力总是有限的,因此就有一个把注意力集中在什么地方的问题。拘小难于识大,凝近就难以致远。只有心胸博大,才能心明眼亮。公安民警要做到宽广博大,想大事、议大事,就要注意深刻领会党的基本路线、基本方针;就要关心人民群众的利益,抓宏观性、战略性、全局性、倾向性的问题;就要立足公安工作的本职,并将公安工作与整个党的工作和国家的工作联系起来,抓主要矛盾,抓突出问题和重点问题;就要善于从具体的工作中,从事物的

现象中,从苗头中,看到带有全局的问题,看到发展趋势的问题。第三,必须掌握科学的观察方法。科学的观察方法是多种多样的,对于公安民警来说,应特别注意掌握比较的方法、透视观察的方法、动态分析的方法等。毛泽东同志说过:我们看事情必须要看它的实质,而把它的现象只作为入门的向导,一进门就要抓住它的实质,这才是可靠的科学的分析方法。要从事物的不断变化中,通过考察事物的历史渊源和分析事物的发展趋势,来确定事物的性质。要善于在整体上,从事物的相互联系中来观察问题和处理问题,在整体和全局中把握一般。这些方法是一般的科学认识方法,是相辅相成的,在实际进行的政治分析和观察中,可以综合运用,以达到最佳的认识效果。

三、立足本职,发挥职能,坚决维护社会稳定

社会稳定是社会发展与进步的基本条件。党中央一贯强调社会稳定在中国特色社会主义建设中的极端重要性,要求全党一定要全力维护社会稳定。公安民警具有较强的政治敏锐性和政治鉴别力的一个重要表现,就是以高度的政治意识和政治责任感,及时发现危害社会稳定的苗头,立足岗位,同危害稳定的各种消极因素进行毫不妥协的斗争。

> 尽忠益时者虽仇必赏,犯法怠慢者虽亲必罚。
> ——《三国志·诸葛亮传》

维护社会稳定,首先要求公安民警充分认识社会稳定的含义及其对社会发展的重要意义。社会稳定有着多方面的内容,主要包括:政治稳定,即指政治结构和政治运转良好有序;经济稳定,即指经济建设的稳步发展、经济秩序良好;社会稳定(狭义的社会稳定),即指社会环境的安定和社会治安秩序良好;思想稳定,即指全体人民有统一的理想、信念、认识,有共同的指导思想和奋斗目标。政治稳定、经济稳定、社会稳定和思想稳定是相互依存、相互作用的,它们共同构成了整个社会政治局面的全面稳定。其中,政治稳定居于核心的位置。党中央一贯强调的社会稳定就是指社会局面的全面稳定。这种稳定是指我国在社会主义条件下,遵循新时期党的基本路线及方针、政策和社会主义法制,形成符合社会主义建设协调发展的社会状态。社会稳定是国家发展和社会进步的首要条件。

"中国的最高利益就是稳定",①"对我们来说,这是一个非常关键的原则的问题"。② 社会稳定是经济发展的条件和根本保证,是进行改革和开放的必要条件。邓小平同志指出:"道理很简单,中国人这么多,底子这么薄,没有安定团结的政治环境,没有稳定的社会秩序,什么事也干不成。"③稳定是大局,稳定是压倒一切的问题。坚决维护社会稳定,必须使公安民警认识到当前不稳定的因素仍然存在,增强维护社会稳定的自觉性和责任感。"这个安定团结的政治局面来之不易,现在还很不巩固,还有来自不同方面的不安定因素。"④

这些不安定的因素主要有:"西化""分化"思想和腐朽文化意识的渗透;封建迷信等旧社会丑恶现象的复萌以及邪教等歪理邪说对人们的思想和社会风气产生消极影响;各种刑事、治安案件,尤其是恶性案件的发生,危害着国家安全和人民生命财产的安全与社会秩序;由于党和政府工作的某些失误和腐败现象的存在引起的人民群众对党和政府的不满情绪和不信任感;改革和发展中出现的新问题引发的群众不理解和不满意情绪;思想教育薄弱和理论宣传的误导而引起的思想混乱;国内外敌对势力、民族分裂主义分子、跨国犯罪集团、以传播宗教为名的反动分子的破坏活动;国际与周边地区局势动荡的影响,等等。对此,公安民警必须从政治的高度给予清楚的分析,形成正确认识,增强维护社会稳定的自觉性和责任感。

坚决维护社会稳定,要求公安民警在分析问题、判断是非、作出决策和行动之时,必须在思想认识上,自觉抵制错误思想的影响,坚定正确的政治方向。在工作中,一切从维护稳定的大局出发,凡是有利于社会稳定的,就支持,就响应;凡是不利于社会稳定的,就反对,就不做。

对国家忠诚,既是一种古今中外都认同的道德准则、行为规范,同时又具有鲜明的时代特征、民族特色和岗位特点等不同的具体内涵。西方发达国家对其公职人员乃至普通公民同样非常强调其忠诚度,他们也要接受忠于国家宪法、忠于国家利益、忠于职守的教育。在当今复杂而又相互关联的世界里,一支运转良好、基于价值观的公务员队伍是每一个国家成功的关键。每一个公安民警都应立足本职,对敌对势力和敌对分子的破坏活动进行坚决的斗争,

---

① 邓小平.邓小平文选(第3卷)[M].北京:人民出版社,2001:313.
② 邓小平.邓小平文选(第3卷)[M].北京:人民出版社,2001:125.
③ 邓小平.邓小平文选(第3卷)[M].北京:人民出版社,2001:331.
④ 邓小平.邓小平文选(第2卷)[M].北京:人民出版社,1994:251.

严厉打击各种刑事犯罪分子。立足本职岗位,积极为社会的政治经济体制改革提供服务,为社会主义的经济建设提供服务,努力为人民群众办好事、办实事,让人民群众从公安民警身上看到党和政府的良好形象,为维护社会稳定作出应有的贡献。

✳ 案例回放——忠诚·警察故事

张从顺　张子权
——一门两忠烈　英雄父子兵

2020年12月15日，云南省临沧市公安局禁毒支队民警张子权在侦办一起重大案件时，因劳累过度牺牲，生命定格在36岁，被追授全国公安系统二级英雄模范。1994年，他的父亲——生前任镇康县公安局军弄派出所所长的张从顺，在侦办一起跨国贩毒案中勇斗毒贩，为保护战友壮烈牺牲，被授予全国公安系统二级英雄模范、革命烈士等称号。

张从顺，1949年2月出生，云南省临沧市镇康县公安局原军弄派出所所长，1994年9月在侦办一起跨国贩毒案中勇斗毒贩，被毒贩引爆的手榴弹炸伤，为保护战友壮烈牺牲，在禁毒斗争中流尽最后一滴血。

张子权，1984年6月出生，临沧市公安局禁毒支队原民警，系张从顺三子，在侦办一起跨国境跨省区重大涉疫专案中，高温下穿着防护服、纸尿裤连续奋战20余天，于2020年12月15日，突发疾病牺牲在办案一线，走完了36岁短暂而光荣的一生。

传承信仰、矢志报国，张从顺、张子权用奋斗的一生谱写了人民警察的忠诚警魂。云南民警张从顺、张子权这对英雄父子的忠诚赞歌在云岭大地久久传唱，父子二人先后被追授"全国公安系统二级英雄模范""云南省优秀共产党员""云岭楷模"等称号。张子权获评"第八届全国道德模范"提名奖、"中国好人"。

英模精神　薪火相传

"像父亲那样成为一名人民警察。"

"那个曾在警察父亲葬礼上哭泣的小男孩，也牺牲了。"——2020年底，云南省临沧市公安局禁毒支队民警张子权在侦办一起重大专案时，突发疾病因公牺牲，生命永远定格在36岁。

"禁毒这么危险，为什么还要来？"

"父亲是干禁毒倒下的，我从小的理想就是要继续完成他的使命。"张子权生前曾这样回答战友的疑问。

张子权的父亲张从顺也是一名禁毒警察，1994年在一次特大跨国毒贩抓捕行动中，和毒贩殊死搏斗，为保护战友壮烈牺牲。

张从顺、张子权一家五口，四人从警。一对父子，相隔26年先后牺牲。

在张子权的哥哥张子成、张子兵看来,成为警察并不是偶然。"父亲的精神潜移默化着我们,像父亲那样成为一名人民警察,是对父亲最大的告慰,也是对党忠诚、对人民负责最好的实际行动。"

张从顺、张子权始终牢记共产党人的初心使命,以两代人的流血牺牲践行了为党和人民牺牲一切的入党誓词。张从顺从部队复员后,主动申请到最基层、最危险的边境一线派出所,坚守艰苦岗位直至牺牲。1994年,年仅10岁的张子权在父亲的追悼会上,含泪紧握拳头说:"我也要像父亲那样当一名警察,抓更多毒贩,绝不让父亲的血白流!"2003年,他考入云南警官学院,第一时间向组织递交了入党申请书。

张从顺常说一句话,"守国门就是守家门"。工作中,他提出"边疆稳固必须依靠人民群众"的工作理念,带着民警主动和群众交朋友、拉家常,了解社情民意。在他的带领下,辖区矛盾不出村、问题不上交,社会治安状况显著改善。

父亲牺牲后,张子权和两个哥哥继续踏上父亲未曾走完的征程,张子权毅然加入禁毒队伍。有人劝他,"你父亲都牺牲了,就别干禁毒这一行了",他却坚定地说:"怕危险就不会当警察,怕死就不会干禁毒,干禁毒肯定义无反顾。"每次办案,他都如父亲一样,永远朝着最危险的地方冲锋。

多少次舍生忘死,多少次命悬一线。在近十年的缉毒生涯中,张子权先后参与侦破公安部和云南省公安厅毒品目标案件158起,总缴毒达20余吨,用付出兑现了从警的铮铮誓言。

金色盾牌　热血铸就

张从顺所在的军弄派出所只有3名民警,但只要群众一个电话,他都是第一个赶到现场。到村寨办案走访,他总要去看望困难群众。为追捕盗窃耕牛嫌疑人,他3天在山间小路奔走近300公里。张子权继承父亲勇敢担当的人民警察本色,急难任务抢着干,危急关头争着上。2017年,他和战友多次冒着生命危险化装侦查,在原始森林里蹲守20多天,彻底摧毁了一个制贩毒网络。

军弄乡是跨境贩毒的主通道之一,为将毒品堵在境外,张从顺带领战友抓毒贩、铲窝点、挖源头;组织开展专项整治,走村串寨查赌博、打村霸、抓禁毒,社会治安环境明显改善。张子权毕业时主动要求到父亲战斗过的禁毒队伍,奋战在禁毒一线,9年禁毒生涯参与缴获毒品27.7吨、制毒物品1186.2吨。

调到禁毒支队后,多少次化装侦查,多少次直面毒贩,多少次命悬一线,张子权自己都数不清了。有人对他说:"你父亲都牺牲了,就别干禁毒这一行了。"但他义无反顾地从事禁毒工作。经过连续的高强度工作,一起跨国境跨省区重大涉疫案件被破获,张子权却倒在了工作岗位上。"我们还没吃饭呢,等人,天都黑好久了。"这是他给妻子发送的最后一条信息。

当年,张子权放弃优渥的工作条件,毅然选择回到偏远的边疆一线,就是想要完成父亲张从顺未竟的禁毒事业。若不是对这份职业有着崇高的使命感、责任感,又怎会一代人接着一代人不懈奋斗;若不是始终把人民放在心中最高位置,又怎会一代人跟着一代人奉献担当。家风的传承、责任的传递、精神的延续,激荡起震撼人心的力量。

金色盾牌,热血铸就。警服见证责任,警徽映照使命。多少实干担当、多少流血牺牲,都是为了无愧于"人民警察"这个称号。中华人民共和国成立以来,全国公安机关共有1.6万余名民警因公牺牲。他们用生命诠释了人民警察的使命和担当,用实际行动昭示了人民警察为人民的赤子情怀。亮正义之剑、守万家灯火,在我们看得见或看不见的地方,总有人民警察在默默守护。

(资料来源:中国公安信息网站2021年12月28日和《人民日报》2021年5月10日)

点评: "一家五口人,四人从警路;一门两忠烈,忠勇荡乾坤。"这是张从顺、张子权家庭的具体写照,也是他们对党忠诚、对国家忠诚的真实体现。云南临沧的这对英雄父子的事迹令人动容,回顾他们光荣而短暂的一生,他们始终牢记人民警察的使命担当,以生命的最后坚守兑现了永远做党和人民忠诚卫士的庄严承诺。

作为一名中国人民警察预备警官,我们将始终以英模为榜样,传承英模精神,学习英模事迹,铸牢忠诚警魂,以英模身上的忠诚信念、冲锋在前的大无畏精神不断激励自己,切实扛起肩负的使命与责任,永远做党和人民的忠诚卫士!

【思考与实践】

1. 班级讨论:为什么说人民警察忠于国家必须坚定无产阶级的政治立场?
2. 请联系实际,简要谈谈如何立足本职,维护社会稳定。
3. 撰写心得:结合实习实训实战,围绕"如何理解维护政治安全",撰写一篇心得体会,不少于500字。

第四章　忠于人民：培养为人民服务的宗旨意识

2020年8月26日，中共中央总书记、国家主席、中央军委主席习近平在中国人民警察警旗授旗仪式上致训词指出，人民警察要坚持以人民为中心，坚决贯彻执行党的群众路线，做到一切为了人民、一切依靠人民，坚持总体国家安全观，在共建共治共享中推进平安中国建设，维护人民利益，全心全意为增强人民群众获得感、幸福感、安全感而努力工作。

新中国的警察，为何前面冠以"人民"二字？人民警察应该树立怎样的群众观？又应该如何在工作中践行以人民为中心的理念？

> 【学习目标】
> 通过学习，认识并掌握忠于人民的概念和实质，将全心全意为人民服务作为全部公安工作的出发点和落脚点，作为衡量工作的最高标准。
> 【学习重点】
> 理解并掌握全心全意为人民服务是公安机关的根本宗旨，熟悉忠于人民的主要内容。
> 【学习难点】
> 理解培育忠于人民的特色方法，并能体现到实际工作中去。

第一节　全心全意为人民服务是公安机关的根本宗旨

"忠诚"是人类社会的基本伦理规范和根本道德要求。古人云："忠诚之心，人之大德。"为人民服务就要常怀忠诚之心，要有人民乃父母的宗旨意识，要始终如一地贯彻好党的群众路线这个我党的根本工作路线，始终践行"紧紧地和中国人民站在一起，全心全意地为中国人民服务"的宗旨。公安机关人民警察不但是依据相关法律规定代表国家的执法者，而且还是国家的公务员，是人民的公仆，必须摆正同人民群众的关系,心中要牢记"只有我们把群众放在心上,群众才会把我们放在心上;只有我们把群众当亲人,群众才会把我们当亲人",积极构建和谐警民关系。

党的宗旨即公安机关的宗旨,党的宗旨就是全心全意为人民服务。习近平总书记关于公安工作和公安队伍建设提出的对党忠诚、服务人民、执法公正、纪律严明"四句话、十六字"总要求,服务人民就是其中重要一条。是否为人民服务,既是人民警察区别于旧警察和资本主义国家警察的主要标志,也是衡量人民警察政治立场和道德行为的根本标准,是人民警察始终不渝的根本宗旨。牢牢把握全心全意为人民服务这一根本宗旨,坚持以人民为中心的发展思想,忠实践行人民公安为人民的庄严承诺,是人民警察从事公安工作的内在要求。公安机关担负着打击敌人、惩治犯罪、保护人民、服务群众的重要职责,最终目的都是为了实现好、维护好、发展好最广大人民的根本利益,必须始终把党和人民的利益放在心中最高位置,牢固树立、自觉践行以人民为中心的发展思想,把人民满意不满意、答应不答应、高兴不高兴作为判断和衡量公安工作的根本标准,切实做到人民公安为人民。

一、党的根本宗旨——全心全意为人民服务

以人为本是马克思主义的基本观点,它既强调人民在社会历史发展中的主体地位,又强调人民在社会历史发展中的主体作用。在马克思主义看来,社会发展的最高目标是人的发展,社会发展的核心是人的发展。离开了人的发展,社会的发展就无从谈起。党的二十大报告指出,江山就是人民,人民就是江山。中国共产党领导人民打江山、守江山,守的是人民的心。治国有常,利民为本。为民造福是立党为公、执政为民的本质要求。通俗地说,人民是历史的主人,是社会发展的劳动者、贡献者和享有者。

"为人民服务"是毛泽东同志最早提出的。这句话原本是毛泽东在追悼张思德大会上的演讲,1944年9月,毛泽东同志的演讲以《为人民服务》为题在延安《解放日报》第一版上发表。1945年4月23日,毛泽东同志在党的七大开幕词中首次使用"全心全意为人民服务"这一科学概念,被鲜明地概括为党的根本宗旨,同时党的七大把中国共产党人必须具有的全心全意为人民服务的精神写入了党章。毛泽东同志指出:"共产党是为民族、为人民谋利益的政党,它本身决无私利可图。"[1]中国共产党自成立的那一天起,便是为人民大众谋利益的政党。

---

[1] 毛泽东.毛泽东选集(第3卷)[M].北京:人民出版社,1991:1095.

 阅读窗

为人民服务

(一九四四年九月八日)

我们的共产党和共产党所领导的八路军、新四军,是革命的队伍。我们这个队伍完全是为着解放人民的,是彻底地为人民的利益工作的。张思德同志就是我们这个队伍中的一个同志。

人总是要死的,但死的意义有不同。中国古时候有个文学家叫做司马迁的说过:"人固有一死,或重于泰山,或轻于鸿毛。"为人民利益而死,就比泰山还重;替法西斯卖力,替剥削人民和压迫人民的人去死,就比鸿毛还轻。张思德同志是为人民利益而死的,他的死是比泰山还要重的。

因为我们是为人民服务的,所以,我们如果有缺点,就不怕别人批评指出。不管是什么人,谁向我们指出都行。只要你说得对,我们就改正。你说的办法对人民有好处,我们就照你的办。"精兵简政"这一条意见,就是党外人士李鼎铭先生提出来的;他提得好,对人民有好处,我们就采用了。只要我们为人民的利益坚持好的,为人民的利益改正错的,我们这个队伍就一定会兴旺起来。

我们都是来自五湖四海,为了一个共同的革命目标,走到一起来了。我们还要和全国大多数人民走这一条路。我们今天已经领导着有九千一百万人口的根据地,但是还不够,还要更大些,才能取得全民族的解放。我们的同志在困难的时候,要看到成绩,要看到光明,要看到希望,要提高我们的勇气。中国人民正在受难,我们有责任解救他们,我们要努力奋斗。要奋斗就会有牺牲,死人的事是经常发生的。但是我们想到人民的利益,想到大多数人民的痛苦,我们为人民而死,就是死得其所。不过,我们应当尽量地减少那些不必要的牺牲。我们的干部要关心每一个战士,一切革命队伍的人都要互相关心,互相爱护,互相帮助。

今后我们的队伍里,不管死了谁,不管是炊事员,是战士,只要他是做过一些有益的工作的,我们都要给他送葬,开追悼会。这要成为一个制度。这个方法也要介绍到老百姓那里去。村上的人死了,开个追悼会。用这样的方法,寄托我们的哀思,使整个人民团结起来。

(一) 人民的利益就是党的利益

党的十八大以来,习近平总书记曾多次强调要坚持人民至上。"中国共产党人的初心和使命,就是为中国人民谋幸福,为中华民族谋复兴。"习近平总书记曾不断强调,"人民对美好生活的向往,就是我们的奋斗目标","时代是出卷人,我

们是答卷人,人民是阅卷人","我将无我,不负人民"。党的二十大报告指出,必须坚持在发展中保障和改善民生,鼓励共同奋斗创造美好生活,不断实现人民对美好生活的向往。习近平总书记的所言所行,无不彰显了鲜明的人民立场,体现了以人民为中心的发展思想。"一切为了群众,一切依靠群众"的要求告诉我们,党没有自己的特殊利益,为群众谋求利益是党的力量之源。纵观我们党的历史,本质上就是为人民服务的历史,为实现人民的根本利益,甚至可以不惜牺牲自己个人的一切。为人民的利益而死比泰山还重,替剥削和压迫人民的人去死比鸿毛还轻,这就是共产党人的人生观和价值观。党章明确指出党员必须履行的义务是:坚持党和人民的利益高于一切,个人利益服从党和人民的利益,吃苦在前,享受在后,克己奉公,多作贡献。

(二)人民利益是检验党和党员的思想和工作对与错、成与败、得与失的最高标准

中国共产党人的一切言论行动,必须以合乎最广大人民群众的最大利益,为最广大人民群众所拥护为最高标准。任何一种东西,必须能使人民群众得到真实的利益,才是好的东西。这里提出了一个人民利益标准问题。党必须坚持这个标准,用人民利益能否实现,实现的快慢、多少、大小为尺度来检验衡量自己的工作。中国共产党成立以来,始终把"全心全意为人民服务"作为自己的根本宗旨和行为准则。在当今这个日新月异的时代和绚丽多彩的人文环境下,知识经济迅猛发展,思想意识正在发生巨大的变革,但是,树立"全心全意为人民服务"的精神,仍需要所有党员不懈努力与不断追求。我们需要为人民服务的精神,更需要深刻领会为人民服务精神的历史意义和现实意义。

(三)人民利益揭示了党实现自我完善发展的正确途径之所在

坚持人民利益标准,不但为党提供了辨别真理、修正错误的准绳,而且使党找到了以人民利益为标准,坚持真理、修正错误,实现自我完善发展的正确途径。共产党人应该不惜风霜劳苦,夜以继日,勤勤恳恳,切切实实地去研究人民的生活问题、生产问题,并且帮助人民具体地而不是讲空话地去解决这些问题。全心全意为人民服务的思想,阐明了中国共产党同人民群众相互依存、不可分割的辩证关系,这种关系可比喻为血肉关系、鱼水关系、种子和土地的关系、学生和先生的关系、儿子和父母的关系等;全心全意为人民服务的思想体现了共产党人的价值观、行为准则和检验衡量自己工作的标准,是党的力量源泉。人民是历史的创造者,是真正的铜墙铁壁,是胜

利之本,是为革命和建设提供强大力量的最深厚的根源。党只有相信人民,依靠人民,植根于人民之中,同人民打成一片,才能得到人民的理解和支持,才能立于不败之地。

二、公安机关的根本宗旨是坚持以人民为中心的发展理念

人民性是公安机关的本质属性,这一性质决定了必须为人民服务,否则公安机关便成了无源之水、无根之木。公安民警必须始终把人民放在心中的最高位置,切实履行维护人民群众合法权益的神圣职责。

(一)坚持以人民为中心的发展理念是"四句话、十六字"总要求的根本出发点和落脚点

人民公安来自人民、根植人民,服务人民是公安机关和人民警察队伍一直以来的优良传统和政治优势,也是新时代公安工作内在要求和义不容辞的责任担当。要始终坚持以人民为中心的发展理念,忠实践行人民公安为人民的初心使命,不断增强人民群众的获得感、幸福感、安全感。新时代人民警察践行"四句话、十六字"总要求,这个总要求也是新时代建警治警的总要求,而在忠诚于人民方面,则要更好地体现为服务人民。因为,它体现着全心全意为人民服务的宗旨,体现着中国共产党执政为民,以人民为中心的发展理念,体现着中国共产党人的初心和使命。人民警察就要在公安工作中,践行服务人民作为根本出发点和落脚点,在实践中要切实做到:一要心里装着人民群众;二要密切联系群众;三要全力服务人民群众;四要坚持用权为了人民群众。公安工作涉及面广,特别是与人民群众的工作、生活息息相关,在公安工作中坚持以人民为中心的发展理念,必须坚持立警为公、执法为民,践行全心全意为人民服务的根本宗旨,把党的群众路线贯彻到全部公安工作之中,把人民对美好生活的向往作为奋斗目标,依靠人民建设平安中国。因此,可以说公安工作的出发点和落脚点就是以人民为中心,都是为了维护最广大人民群众的根本利益。人民警察本身就来自人民,所以,人民警察要在实际工作中真正把人民群众当主人、当亲人,真正以人民群众的需要为第一选择、利益为第一考虑、满意为第一标准,始终带着对人民群众的深厚感情去执法、去服务,积极构建和谐警民关系,推进新时代公安工作不断满足人民群众的新期待、新要求,真正做到人民公安为人民。

这里要特别提到的是"枫桥经验"。"枫桥经验"是起源于 20 世纪 60 年代初

浙江诸暨枫桥镇在社会主义教育运动中的大胆创新与实践,其基本精神是"发动和依靠群众,矛盾不上交,就地解决",因被毛泽东同志亲笔批示而闻名全国。"枫桥经验"的先进之处在于充分发挥群众的力量,实现群众的自我管理,为化解社会矛盾,维持社会稳定作出突出贡献。2002年至2007年习近平同志在浙江主政期间非常重视这项工作,不断在实际工作中总结和推广"枫桥经验"。习近平同志离任浙江后,仍然关注和重视"枫桥经验"。2013年,习近平总书记在纪念毛泽东同志批示"枫桥经验"50周年时,号召全国学习和推广"枫桥经验",要求"各级党委和政府要充分认识'枫桥经验'的重大意义,发扬优良作风,适应时代要求,创新群众工作方法,善于运用法治思维和法治方式解决涉及群众切身利益的矛盾和问题,把'枫桥经验'坚持好、发展好,把党的群众路线坚持好、贯彻好"。

在新时代,"枫桥经验"面临着新的发展机遇。党的十八届三中全会强调要"创新社会治理体制",十八届四中全会提出"推进基层治理法治化",十九届五中全会强调"十四五"期间要努力实现"社会治理特别是基层治理水平明显提高",党的二十大更是直接把"枫桥经验"写入了报告"推进国家安全体系和能力现代化"这一部分。在这样的宏观背景下,"枫桥经验"抓住机遇,逐步转型,探索从"社会管理"走向"社会治理"的新思路、新机制和新路径。历史积淀的"枫桥经验"及其走向社会治理的转型发展,对于当前我国基层社会治理有着示范意义与参考价值,尤其对于解决全面建设社会主义现代化国家过程中面临的各类社会矛盾具有重要意义。

"枫桥经验"的理论核心在于更好地发挥群众的力量,因此,新时代的"枫桥经验"仍然需要重视群众的力量。为了更好地发挥群众的力量,必须重视群众的感受;只有更好地倾听群众的呼声,才能更好地了解群众的需求;了解群众在实际生活中遇到的困难,积极主动地帮助群众解决相关的问题,能够更好地减少社会的戾气,预防可能出现的各种社会问题;同时由于重视了群众的感受,"枫桥经验"将会拥有更为丰富的群众基础。在现代社会治安中,更加关注警民关系的构建。良好的警民关系是维系社会良好秩序的前提,群众支持警方的工作,警方以群众的利益为重,实现良性的循环。"枫桥经验"在构建和谐的警民关系中同样可以发挥出积极的作用,警察与群众的关系本来就应当和谐,新时代的"枫桥经验"应当关注这一方面的内容。"枫桥经验"在实践过程中,原则就是促进社会和谐稳定。社会和谐稳定是人民群众的共同目标,社会治安的目的在于更好地促进社会和谐,因此,必须重视"枫桥经验"在促进社会和谐稳定中的价值。

阅读窗

"枫桥经验"历经60年的发展,已从地方治理经验演变为党和国家治国理政的重要经验。回顾"枫桥经验"历史发展脉络,坚持党的领导与尊重人民群众的首创精神,是"枫桥经验"长盛不衰的关键。新时代"枫桥经验"是习近平新时代中国特色社会主义思想的重要组成部分,是习近平同志为核心的党中央领导人民创造的一整套行之有效的基层社会治理方案,是维护国家安全和社会稳定的一大法宝。

2022年11月,《绍兴市"枫桥经验"传承发展条例》完成制定并正式施行。作为全国首部以"枫桥经验"为旗帜的创制性地方法规,这一条例的施行意味着"枫桥经验"在新时代的传承与发展获得了新的动力引擎。《条例》第三条要求,传承发展"枫桥经验",应当结合本地历史文化传统、经济社会发展实际,守正创新,与时俱进,坚持和发展新时代"枫桥经验",践行以人民为中心的发展思想,贯彻全过程人民民主理念,做到系统治理、依法治理、综合治理、源头治理,推进基层社会治理现代化。

我国是人民民主专政的社会主义国家,人民当家作主。2019年11月2日,习近平总书记考察上海市长宁区虹桥街道基层立法联系点时,第一次提出"人民民主是一种全过程的民主"。2021年7月1日,在庆祝中国共产党成立100周年大会上的重要讲话中,习近平总书记又特别提出要"践行以人民为中心的发展思想,发展全过程人民民主"。

坚持和发展新时代"枫桥经验",就是要践行以人民为中心的发展思想,贯彻全过程人民民主理念,回应基层社会实践难题,做到民事民议、民事民办、民事民管,最大限度赢得民心、汇集民力、尊重民意,推进基层社会治理现代化。

(二)坚持以人民为中心的发展理念是由人民在国家和公安工作中的地位所决定的

《中华人民共和国宪法》规定,一切权力属于人民。我国的国体是人民民主专政,公安机关是人民民主专政的重要工具之一,人民民主专政就是在中国共产党领导下占全国人口绝大多数的广大人民群众对极少数敌对势力、敌对分子和严重刑事犯罪分子的专政。保护和保障最大多数人民群众的合法权益、国家政治稳定和社会秩序,是我国公安机关的根本任务。作为代表国家和政府履行法定职责的公安机关人民警察,"服务人民理所当然是人民警察的职责和义务,更是践行我们党宗旨的特殊执法群体"。①

> **微链接**
>
> 人的生命是有限的,可是,为人民服务是无限的,我要把有限的生命,投入到无限的为人民服务之中去。
>
> ——雷锋

公安机关所做的每一项工作都与人民群众有着千丝万缕的联系。当个人或他人的人身、财产安全或公共财产、公共安全受到犯罪分子的侵害或即将受到侵害的危难时刻,人民群众最先想到的是报警,求助于人民警察。在遇到重大自然灾害或火灾、重大车船交通事故、飞机失事等治安灾难性事故时,我们都能看到人民警察的身影。人民警察总会第一时间出现在灾难事故的现场,协助有关部门积极抢救国家、集体财产和人民群众的生命、财产,保护国家和人民的利益。此外,警察还向公众提供更多的便民措施和服务。人民警察的工作以全心全意满足人民群众的需要为前提,在职责范围内高度体现出角色化、专业化、技巧化、职业化、精细化。因此,服务人民就是要人民警察在具体工作中、岗位中热爱人民,关心人民,保护人民,把人民的利益作为一切工作的出发点和归宿。

（三）坚持以人民为中心是贯彻执行公安工作路线和方针的客观要求

党的十九大报告指出,中国特色社会主义进入新时代。这个新时代可以说从党的十八届一中全会选举习近平同志为党的总书记之时便已开启。党的十八大以来,全国公安机关紧密结合开展党的群众路线教育实践活动,着力转变作风、严肃整治不正之风,坚持把人民群众安全感和满意度作为检验公安工作的根本标准,在打击犯罪、维护治安、服务群众等实践中创造了新的业绩。

第一,公安工作的群众路线,是公安工作实行的一切为了群众,一切依靠群众,从群众中来,到群众中去的工作路线。它是在公安工作中服务群众,保护群众,宣传群众,组织群众,依靠群众的理论、原则、制度和方法的总称。一切为了群众,是公安工作的宗旨和出发点;一切依靠群众,是公安工作的根本态度;从群众中来,到群众中去,是公安工作的基本方法。

早在土地革命时期,农村革命根据地的初创过程中,公安机关就依靠群众开展各项工作。其中动员群众站岗放哨、警戒敌人的进攻和破坏则是当时最广泛、

---

① 邹少陶.公安实践与思考[M].兰州:甘肃文化出版社,2002:123.

作用最显著的群众保卫工作。在安全保卫工作中依靠群众的观点奠定了公安工作群众路线理论的基础,其有效的工作方式也为公安工作群众路线的发展提供了经验。

抗日战争时期,特别是1939年中央社会部《群众锄奸组织纲要(草案)》中关于"锄奸工作不仅依靠公安机关的专门工作,而且必须依靠广大群众的锄奸运动"的规定,进一步明确了公安保卫工作必须依靠广大群众。国家政治保卫局在同国民党特务机关以及各种敌对势力斗争的过程中,在各地普遍建立了锄奸小组、锄奸团、自卫队等群众锄奸组织,配合专门机关开展锄奸反特活动,使公安工作建立在更广泛的群众基础之上,开创了专群工作的光辉典范。毛泽东提出了著名的"九条方针","九条方针"的核心思想之一就是坚持党委领导下的专门工作与广大群众相结合。这一提法极大地丰富了公安工作群众路线理论的内涵,确立了公安工作群众路线的基本框架,对公安工作的健康发展具有深远的影响。

中华人民共和国成立后,公安工作群众路线又有了新的发展。公安机关在坚持党委领导下的专门机关与广大群众相结合的基本方针的实践中,既重视公安机关的专门工作,又充分调动群众的积极性,避免在工作中出现公安机关单打独斗或搞群众运动的极端做法,正确处理专门机关与广大群众之间的辩证关系,使公安工作群众路线理论的内涵更加完整、更具科学性。

从20世纪80年代开始,我国的犯罪率一直处于上升态势,虽然全国范围内的"严打"斗争、专项行动接连不断,公安机关也付出了巨大的努力,但刑事发案居高不下的局面并没有从根本上得到扭转。1991年11月第十八次全国公安会议对过去的经验和教训进行了深刻总结,重新强调了在新的历史时期走群众路线的重要性。《中共中央关于进一步加强和改进公安工作的决定》提出,公安机关人民警察必须始终坚持全心全意为人民服务的宗旨,始终把依靠人民、为了人民,作为全部工作的出发点和落脚点。

群众路线是我国公安工作的根本路线,是公安工作的优良传统和政治优势,是公安机关始终与时俱进,取得一个又一个胜利的制胜法宝。纵观公安发展史,公安工作的经验与教训证明了这样一个真理:什么时候公安工作群众路线贯彻得好,警民关系就融洽,公安机关的战斗力就强,公安工作就会顺利开展,反之就会受到挫折。准确把握为民的人民警察核心价值观的精神实质和具体要求必须充分认识群众路线在公安工作中的历史地位和作用,增强公安工作走群众路线的自觉性和主动性。

第二，公安工作的基本方针是党委领导下的专门机关与广大群众相结合。专门机关与广大群众相结合是公安工作的基本方针，这是我国公安工作群众路线的具体体现。专门机关与广大群众相结合，是指在防治违法犯罪和维护人民利益时，把公安机关的职能作用与人民群众的积极主动精神结合起来。公安机关充分发挥自己的职能作用，去开展各项保障国家安全、维护社会治安的专业工作；人民群众积极主动地以自己的智慧和力量参与社会治安管理并协助公安机关和人民警察工作。这种结合是多角度、多方位、多层次的。在结合中，各方共同发挥作用，形成合力。这种结合是目标一致基础上的结合，主导的方面是公安机关。

依靠群众就是公安机关正确认识到人民群众的力量和作为社会主人翁的地位，就是充分调动人民群众的治安积极性，充分发挥人民群众的强大力量并成为维护国家安全和社会治安秩序的重要力量，就是充分信任群众并使之成为公安工作的有力监督者和评判者。如果不会依靠群众，大量的公安业务工作就无法顺利完成，就会失去人民群众的支持和帮助。

联系群众就是人民警察始终与人民群众保持血肉关系，深入群众、深入基层、深入社会研究，亲身走近群众、密切感情、了解民情、了解群众的呼声、掌握基层实情、畅通联系渠道，从而提高公安群众工作的成效。联系群众也是提高公安工作决策科学性的保证，是人民警察落实为人民服务方针和工作的起点。

同时，人民警察要通过打击敌人、惩治违法犯罪、除恶扬善、伸张正义，保护人民群众的合法权益。保护人民群众是人民警察赢得群众支持和信任的基础与前提，也是加强人民警察职业道德和良好警风的需求。服务人民群众就是把群众利益放在首位，树立服务群众的责任感和义务感，有热情诚恳的服务态度，有雪中送炭的服务行为。工作有"请声"，询问有"答声"，走时有"送声"。人民警察要把执法为民放在工作的首位，牢记人民警察是人民的一员。

人民警察来自人民，心系人民、植根人民、服务人民是公安机关的优良传统。长期以来，全国公安机关和广大公安民警牢记宗旨、忠诚使命、围绕中心、服务大局，顽强拼搏、无私奉献，为国家安全、社会稳定、人民幸福作出了重要贡献。

第二节　忠于人民的主要内容

忠于人民是指人民警察在工作中要服务人民，关心人民，保护人民，把人民的利益作为一切工作的出发点和归宿。全心全意为人民服务是人民警察的根本宗旨和职业责任,也是衡量人民警察政治立场和道德行为的根本标准。人民警察忠于人民的主要内容可以从三个向度上去理解。

一、忠于人民,就是首先继承发扬党的优良传统,牢记党的宗旨

党的优良传统和作风体现了无产阶级政党的党性原则,我们党在革命、建设和改革的历史进程中,始终以全体人民的利益为最高利益,我们党本身没有自己的私利。中国共产党人的初心和使命,就是为中国人民谋幸福,为中华民族谋复兴。这个初心和使命,是激励中国共产党人不断前进的根本动力。

> 人民,只有人民,才是创造世界历史的动力。
>
> ——毛泽东

回顾我们党波澜壮阔的发展历程,最为宝贵的一条经验,就是全心全意为人民服务。我们党成立之初,就定位为无产阶级政党,要为人民大众谋利益。可以说,我们党的历史就是密切联系群众、坚持人民主体地位,始终保持同人民群众血肉联系的历史。没有人民群众的大力支持,我们党就不会从小到大、由弱到强。因此说,全心全意为人民服务,一切为了群众,一切依靠群众,从群众中来,到群众中去的群众路线,是我们党的最大政治优势,也是我们党与其他政党的最大区别。同时,这个群众路线还是我们党的生命线和根本工作路线。坚持党的群众路线,是我们党在长期革命和建设中制胜敌人的重要法宝,也是我们党的优良传统,在新的形势下更要传承好,并将之发扬光大。

群众路线还是我们党的生命线和根本工作路线。在公安工作中,践行人民公安为人民的工作理念,坚持专门工作与群众路线相结合,是公安机关的优良传统和独特优势,是党的群众路线在公安工作中的具体体现。中国特色社会主义进入新时代,全国公安机关继承党的优良传统,牢记党的宗旨,忠诚履职,无私奉献,为我们留下了值得永远珍惜传承并发扬光大的宝贵精神财富。面对新时代新使命,我们更要牢记党的宗旨,发扬好党的优良传统,永葆人民公安为人民的政治本色,把公安工作深深扎根于人民群众。

在具体的公安工作中,忠于人民就是要求人民警察时刻把人民群众放在心上,对人民群众有强烈的责任感,以饱满的工作热情对待人民群众。没有对人民

群众质朴、真挚的爱,就不会产生对人民群众深厚博大的情。人民群众在人民警察心中的分量有多重,人民警察在群众心中的分量就有多重;人民警察对人民群众的感情有多深,人民群众对人民警察的感情就有多深。这既是人际交往中遵循的一个基本原则和常识,更是人民警察践行全心全意为人民服务宗旨的基本前提。每一位人民警察都应该切实增强群众观念,始终把人民群众装在心里,以真诚、敬畏的心态对待我们的衣食父母,始终牢记这一职业宗旨,把人民利益放在高于一切的位置,带着深厚的感情深入群众、联系群众,到群众最需要的地方去了解民生诉求,到群众最困难的地方去排忧解难,到矛盾最突出的地方去化解矛盾,真正把工作做到群众的心坎上。

二、忠于人民,就是要夯实公安工作基础,牢记执法为民

人民群众是公安工作最广泛、最直接也是最可靠的信息来源,是对各种违法犯罪现象施加压力最普遍、最直接、最及时的力量,人民群众在应对各种违法犯罪以及治安问题方面的智慧和力量是公安工作取之不尽的社会资源。

公安工作,从根本上说是群众工作。相对于世界上其他国家的警察,人民公安的重要特征是人民性,扎实做好群众工作,积极构建和谐警民关系,回应人民群众对公共安全的新期待,是新时代公安机关适应新形势新任务,履行新使命,展现新作为的必然要求。

公安机关人民警察一个重要职责就是保护人民的生命和财产安全,而这个职责的履行就是人民警察依法忠诚履职,就是我们经常说的"执法",尤其是基层一线公安民警主要工作是执法工作,主要活动是执法活动,执法将伴随终身。而在执法工作中,最显性、最直接、最直观的就是通过执法为民,提升人民群众的安全感。"人民公安为人民"的深刻内涵,就深刻体现在保护人民的生命和财产安全,通俗地理解就是除暴安良。所谓"除暴",就是人民警察要坚决同一切危害人民利益的现象和行为作斗争;所谓"安良",就是人民警察保护人民群众的合法权益不受侵害,扶持正义,为人民群众营造安居乐业的环境,为改革开放,发展社会主义市场经济创造良好的环境。打击敌人、惩治犯罪,维护稳定、守卫平安,是公安机关的职责所在,使命所系。从这个意义上讲,对敌人的恨,就是对人民的爱;对严重刑事犯罪活动的严厉打击,就是对人民群众的最好保护。

在总体国家安全观中,社会安全是与人民群众关系最为密切、影响最为直观

的方面。老百姓最痛恨什么犯罪就严厉打击什么犯罪,老百姓反映什么治安问题最突出就集中整治什么问题,这是公安机关一以贯之的理念。

 阅读窗

上海民警陈建强当选"全国最美基层民警"

2022年9月25日,在中央宣传部、公安部联合举办的"闪亮的名字"——2022"最美基层民警"发布仪式上,上海市公安局城市轨道和公交总队刑侦支队三队队长陈建强光荣当选"全国最美基层民警"。

2012年从警以来,陈建强常年坚守便衣反扒一线,倾情守护全世界里程数、客流数双第一的轨道交通。十年来,他始终牢记习近平总书记"人民城市人民建,人民城市为人民"的殷殷嘱托,和队友直面反扒的"苦、累、脏、险",为守护人民的幸福生活前行不辍。2021年起,陈建强和战友将反扒工作主动融入以风险防控"一平台、三体系"为主体的新型现代警务机制,确保动态隐患清零和精准打击犯罪"两手抓""两手硬"。在陈建强的带领下,上海轨交十年来擒贼1000余人,扒窃案件数从2019年1.7万多起,直降到今年以来发案仅个位数,"百日行动"中更是保持了零发案。

"群众取回被盗财物时的笑脸,就是我们反扒民警的荣耀时刻。"当选2022"最美基层民警"的陈建强表示,这些年,虽然轨道交通发生了日新月异的变化,侦查方式也在不断创新,但是对党忠诚的政治品质,为民守护的警察情怀,拼搏奉献的职业精神始终没有变。

民心所向,警心所系。公安机关持续打击以"盗抢骗""黑拐枪""黄赌毒"等为重点的传统犯罪,严厉打击以电信网络诈骗、网络贩枪、"食药环"为重点的新型犯罪,严密防范寄递物流、网约车等新业态相关违法犯罪……以人民群众的呼声为导向,公安机关集中力量开展破案攻坚,增强了人民群众的信心和安全感。

随着国内外形势的深刻变化,暴力恐怖活动成为我国面临的最大现实威胁之一。开展反恐怖斗争,公安机关重任在肩。全国公安机关毫不手软,坚决打击,始终对暴恐活动保持高压态势。各地区、各部门坚持打防结合、标本兼治,强化社会面防控,横向到边、纵向到底的反恐怖工作责任体系迅速建立,牢牢把握了反恐怖斗争主动权,有力维护了社会大局持续稳定。经过全国公安机关的不懈努力,如今已经筑起反恐怖斗争的铁壁铜墙。

面对复杂严峻的网络安全形势,深入开展专项行动净化网络环境,取得显著成效……这些都是公安机关奋发有为的必然结果,也都是全心全意执法为民的生动诠释。

全国公安机关以习近平新时代中国特色社会主义思想为指导,坚决贯彻落实习近平法治思想和习近平总书记关于公安工作的一系列重要指示要求,扎实推进平安中国、法治中国建设,严密防范、严厉打击敌对势力的渗透颠覆捣乱破坏活动,严厉打击侵害人民群众生命财产安全的各类违法犯罪,有力地捍卫了国家安全,维护了社会安定,保护了人民安宁。

三、忠于人民,就是要以人民群众获得感和幸福感为导向,牢记热情服务

在变化中革新,改革红利惠及亿万群众。改革大潮起,风劲再扬帆。民之所望,改革所向。让宏大的改革于细微之处呈现,让"大思路"对接上群众的"小日子"。

公安部党委多次研究部署,要求全国公安机关深入扎实践行以人民为中心的发展思想,不断满足新时代人民群众对公安工作的新期待、新要求,在治安管理、交通管理、出入境管理等领域积极推进"放管服"改革,为人民群众提供高质量的公共服务产品。

党的十八大以来,在以习近平同志为核心的党中央坚强领导下,公安部党委团结带领全国各级公安机关和广大公安民警,坚定不移地不断推进公安改革走向深入,深入贯彻落实以人民为中心的发展思想,全面释放改革红利,让亿万人民群众享受到了触手可及的实惠。

微视频:《我是守护的光》

(来源:中国警察网)

在为经济持续健康发展创造安全稳定的社会环境的同时，全国公安机关坚持以人民为中心的发展思想，主动改革治安管理、户口管理、交通管理、出入境管理，围绕人民群众出行办事息息相关的身份证、驾驶证、出入境证件三大证件，不断优化流程手续，革除繁苛限制，率先推出了"网上办""异地办""一门通办""全国通办"。

据悉，公安机关负责的60项行政许可所需要的审批和颁发证件，办理的时间均大大短于法定的时间。一系列惠民利企的政策举措极大地便利了广大群众的学习、工作、生产和生活，有力地促进了投资商贸、创新创业，惠及亿万人民群众。

目前，公安机关人民警察执法工作总体呈现良好势头，但是与人民群众的新期待尚有不少差距，与党和政府提出的新要求尚有一定的距离，仍然存在一些不尽如人意的地方。因此有必要指出来，同时针对性地提出新要求。

（一）接处警不及时，办案拖拉推诿，要加强打牢为民服务的思想根基

少数民警在接待群众报案求助时不及时处警，不认真询问登记，对群众的诉求漠视、拖拉推诿或简单应付了事，甚至存在不作为现象。在受理群众投诉的案件中这类案件占很大比重，这些问题的存在，其根本原因是一些公安机关特别是基层执法单位的个别民警，没有解决好"为谁掌权，为谁执法，为谁服务"的思想问题，背离了公安工作的宗旨。由于执法思想不端正，执法为民必然要偏离正确的轨道，起不到应有的作用，在群众中造成很坏的影响。

（二）执法欠文明，执法态度粗暴，要加强端正为民服务的工作态度

一些民警在执法时态度粗暴，讲话不文明，不使用规范用语；工作方式方法简单，不听取当事人的辩解，对当事人提出的疑问不认真解释回答；不依法履行职责，侵害群众利益，造成工作被动。有些民警以执法者自居，在调解一些纠纷、矛盾、事故时，认为我是执法者，决定权在我手里，我的话你们就得听，往往忽视了双方的利益和心情，形成吃力不讨好、自己受委屈、对方不满意的结局。这些不规范、欠文明的执法行为极易引起矛盾，导致群众对民警执法工作不支持、不满意。

（三）办案程序不规范，执法存在随意性，要加强规范执法的程序意识

有的民警不注重按法定程序办案，重实体、轻程序，认为只要执法行为合法，违反法定程序无关紧要。有的民警对法律法规一知半解，对法律条款不能正确把握，于是不按规定向当事人公开办案程序，如作出行政处罚决定

后未告知被处罚人家属、受害人;违反传唤的相关规定;询问未成年人未通知其父母或监护人到场。另外,有些办案单位或民警随意执法,办人情案、关系案。对于两人以上的共同违法案件,有的"顶格"处罚,有的则按最低限处罚或者不处罚,造成情节轻重与处罚力度不相当。有些案件因为涉及方方面面的关系,往往大事化小,小事化了。这样一来必然影响公安机关在人民心目中的形象。

(四)强制措施适用不当,刑讯逼供,要树立执法办案的正义精神

在执法过程中对伤害案件、赌博、卖淫嫖娼案件等明显不符合留置条件的违法犯罪嫌疑人适用留置或在刑事、行政立案后仍延长留置。另外适用刑事强制措施随意性较大,对刑拘延长30日的对象超出刑诉法规定的三种对象范围。对"监管对象监管措施不落实,情况不及时掌握。刑拘、取保候审、监视居住转处率不高,特别是监视居住直接释放率高。讯问犯罪嫌疑人时对嫌疑人辱骂、体罚,甚至变相搞刑讯逼供"。[①] 造成上述问题的原因是多方面的,如自身素养不高,执法行为不规范,执法行为没有受到及时、有效的监督等,但最根本原因是个别民警在执法中没有把人民群众利益放在第一位,没有带着对人民群众的深厚感情去执法,没有把人民群众的满意作为行动的准则,即没有真正践行执法为民,忠于人民的根本理念。

总之,在中国特色社会主义进入新时代的新的历史方位的情况下,要积极适应人民群众对公安工作的新要求,坚持以人民期盼为念、为人民利益而战,紧紧围绕人民群众反映强烈的突出治安问题,深入开展对各类违法犯罪的打击整治,持续深化对各类安全隐患的排查治理,不断创新完善立体化、信息化社会治安防控体系,切实当好推进平安中国建设的主力军、保障人民生命财产安全的守护神,不断提升人民群众的安全感和满意度。要积极适应人民群众对维护自身权益的新关切,坚持维权与维稳相统一,健全完善社会矛盾风险预警和多元化解机制,积极推动完善群众利益协调和保护机制,进一步加强对各类矛盾纠纷的排查调处和依法治理,切实维护好人民群众合法合理的利益诉求,最大限度地增加社会和谐因素,最大限度地减少社会不和谐因素。要积极适应人民群众对高品质公共服务的新需求,坚持寓管理于服务之中,不断优化服务管理流程,提高服务管理效能,深入推进事关人民群众切身利益的户籍制度、居住证制度、异地办证

---

① 黄建平.掌握执法为民本领,提高公安队伍整体素质[N].人民公安报,2005-5.

制度、车检驾考制度等各项"放管服"改革和"互联网＋公安政务服务"意见的落实，继续研究推出更多服务经济社会发展、方便群众办事创业的新举措，着力扩大改革受益面，进一步增强人民群众的获得感和舒适度，努力用我们的辛勤指数提高人民群众的幸福指数。

第三节　培育人民警察忠于人民的特色方法

忠于人民本质上要求人民警察在公安工作中践行全心全意为人民服务的宗旨。在解决做什么的问题后，接着就要解决如何做的问题，即我们要采取何种方法的问题。而此种方法不但在实践中是普遍存在的，而且更多地体现出公安机关的特色。

一、以"四句话、十六字"总要求为座右铭，夯实打牢忠于人民的思想根基

2017年5月19日，习近平总书记亲切会见全国公安系统英雄模范立功集体表彰大会代表并发表重要讲话。他用高度凝练的话语，为做好新时代公安工作指明了前进方向，提供了根本遵循。

坚持党对公安工作的领导；

牢固树立"四个意识"；

坚持人民公安为人民；

做到对党忠诚、服务人民、执法公正、纪律严明；

……

言简意赅，重若千钧，激励着全国公安机关和公安队伍更好地肩负使命，继续奋勇前进。

今天的中国，呈现给世界的不仅有波澜壮阔的改革发展图景，更有一以贯之的平安祥和稳定。国际社会普遍认为，中国是世界上最安全的国家之一，将经济持续健康发展、社会持续安全稳定并称为中国创造的"两大奇迹"。

平安祥和的背后，凝聚着大国治国理政的卓越智慧，也凝结着全国公安机关广大人民警察的辛勤奉献。中国特色社会主义进入新时代，以习近平同志为核心的党中央对平安中国建设作出一系列部署要求，对全国公安机关和广大公安

民警提出对党忠诚、服务人民、执法公正、纪律严明"四句话、十六字"总要求。全国公安机关深入贯彻落实中央精神,攻坚克难,砥砺奋进,战胜了一个个挑战,打赢了一场场硬仗,为国家安全、社会公共安全、人民生命财产安全筑起了一道坚不可摧的铜墙铁壁。

 阅读窗

习近平总书记重要训词(节选)

习近平对人民警察队伍提出4点要求。一是对党忠诚。要坚持党的绝对领导,坚持政治建警方针,增强"四个意识"、坚定"四个自信"、做到"两个维护",始终以党的旗帜为旗帜、以党的方向为方向、以党的意志为意志,坚决听从党中央命令、服从党中央指挥,确保绝对忠诚、绝对纯洁、绝对可靠。二是服务人民。要坚持以人民为中心,坚定贯彻执行党的群众路线,做到一切为了人民、一切依靠人民,坚持总体国家安全观,在共建共治共享中推进平安中国建设,维护人民利益,全心全意为增强人民群众获得感、幸福感、安全感而努力工作。三是执法公正。要坚持维护社会公平正义,加强教育培训,严格监督管理,规范权力运行,把严格规范公正文明执法落到实处,不断提高执法司法公信力,努力让人民群众在每一起案件办理、每一件事情处理中都能感受到公平正义。四是纪律严明。要坚持严管厚爱结合、激励约束并重,严格落实全面从严管党治警要求,严明警纪、纯洁队伍,聚焦实战、强化训练,着力锤炼铁一般的理想信念、铁一般的责任担当、铁一般的过硬本领、铁一般的纪律作风,充分展现党领导的社会主义国家人民警察克己奉公、无私奉献的良好形象。

转变政府职能、深化"放管服"改革在全国铺开。公安部迅速公布了简捷快办、网上通办、就近可办等一批涉及交管、出入境、治安等方面的"放管服"改革新措施。

微链接

对人来说,最大的欢乐,最大的幸福是把自己的精神力量奉献给他人。

——[苏联]苏霍姆林斯基

胸有忠心,才能擒顽凶而不退;心怀赤诚,才会视艰苦如甘醴。人民公安,用热血和忠诚铸就坚强的共和国之盾。公安民警忠诚履职,践行人民公安为人民的宗旨,诠释了习近平总书记"四句话、十六字"总要求。

二、以中国共产党人的初心和使命为根本动力,积极构建和谐警民关系

"中国共产党人的初心和使命,就是为中国人民谋幸福,为中华民族谋复兴。这个初心和使命是激励中国共产党人不断前进的根本动力。"习近平总书记深刻阐明了初心和使命的内涵与意义。

"人民"二字,就是最深厚的底气、最坚强的支撑。进入新时代,我国社会主要矛盾已经转化为人民日益增长的美好生活需要和不平衡不充分的发展之间的矛盾。新时代对公安工作提出了新要求,公安机关人民警察要完成好这种新要求,最根本、最基础的方法还是走群众路线,做好群众工作是根本。因为,群众工作是我们党的传家宝,群众路线是公安工作的根本路线和根本方法。和谐的警民关系是化解社会矛盾的必然要求,也是公安机关的战斗力。构建和谐警民关系关系到公安工作的成败和社会的大局稳定。密切联系群众一定要亲民、爱民,主动与群众交友、交心、交流,在倾听民声、问计于民上下功夫。要深入体察群众疾苦,及时了解群众呼声,全面掌握群众诉求,积极回应和满足人民群众新期待、新要求。对群众深恶痛绝的事做到"零容忍",对群众急需急盼的事做到"零懈怠"。

当前,各级公安机关坚持送温暖、送服务与保平安、保稳定相结合,听民声、访民意与促工作、强队伍相结合,积极探索信息化条件下做好群众工作的新方法,充分利用互联网、智能手机等新兴传媒,智慧公安为进一步拓宽联系群众、服务群众的渠道提供了新的工作思路和新的工作平台。

公安机关是群众工作部门,做群众工作是人民警察的基本功,不会做群众工作的民警不是合格的民警。新时代合格的人民警察要把群众工作作为一项主业来抓。要认真研究新时势下群众工作的特点和规律,着力提高组织群众、宣传群众、教育群众、服务群众的本领,全面提升管理服务社会的水平。要善于深入群众,发现和获取各方面的信息,在实践中不断寻找工作新路子,在深化改革中推动公安工作与时俱进。要坚持专门工作与群众工作相结合,积极探索人民群众参与公安维稳工作的新途径,充分发动群众,紧紧依靠群众,扎实推进治安防范、维护稳定工作社会化、群众化,走出一条专群结合、依靠群众共同维护社会稳定的成功之路。

三、以构建服务型公安机关为抓手,明确从"管制"向"服务"的现代转型

党的二十大报告强调,转变政府职能,优化政府职责体系和组织结构。公安机关是政府部门的重要组成部分,建设服务型政府,落实到公安机关,就是要建设服务型公安机关。

有学者指出,服务型政府是在以人为本和执政为民的理念指导下,将公共服务职能上升为政府的核心职能,通过优化政府结构、创新政府机制、规范政府行为、提高政府效能,以不断满足城乡居民日益增长的公共需求的政府。[①]

我们认为,服务型政府就是在坚持以人民为中心的基础上,贯彻民主平等、公正公开、法治规则、责任意识等现代价值理念,针对市场需要、社会发展、公民需求,尊重公民权利,按照公民意志,以满足社会公共需求,提供充足优质公共产品与公共服务,加强公共服务供给体系为核心内容,以推进政府机构改革为关键抓手,以优化政府运行机制为主要过程,以提高政府服务效能为衡量指标,以调整公共服务支出比例为主要表现的现代服务型人民政府建设,以及其所做的工作与所实现的充满公共价值和意义的效果。建设服务型政府就是要推进政府从管理理念、职能确定及管理方式由"管制"向"服务"的转变,将政府的公共服务和社会管理职能放在更为突出的位置。从和谐社会建设的角度讲,服务型政府的根本着眼点和目的就是通过加强公共服务和社会管理创新"改善民生"。

其主要特征有:(1)以人为本的价值理念;(2)以加强政府服务职能为核心,并按照职能要求思考机构改革;(3)服务高效的政府运行机制;(4)政府服务能力不断提升,服务目标不断达成;(5)在政府财政支出结构中,公共服务支出不断扩大。

作为政府的有机构成,建设服务型公安机关既是建设服务型政府这一行政改革目标的重要组成,也是党的十八大以来公安改革与发展的基本任务和核心目标。当然,公安机关在向以公共服务和社会管理为主要职能的转变过程中,也要有效地处理"专政职能与民主职能"的辩证关系。实质上,这种转变只是位次的变化,而不是替代。这是服务型公安机关建设的一个基本前提和条件。另一个基本前提和条件就是服务型公安机关建设要全面、真实、规范地体现公安机关

---

① 薄贵利.准确理解和深刻认识服务型政府建设[J].行政论坛,2012(1).

的职能特征,准确把握人民群众对社会平安、公共服务、公平正义的新期待。这样,既有助于服务型公安机关改善民生、保障民权目的的实现,也有助于公安机关专政职能与民主职能的有机融合,克服民生警务、民意主导警务与所谓"公安主业"的"两张皮"现象。

在实际的公安工作中,构建服务型公安机关,至少需要从三个向度上去把握。

第一,转变服务理念。公安机关要积极转变工作理念,主动由以前政府主导的"管制型"模式向现代民主社会的"服务型"转变。公安机关要主动适应民主社会发展要求和现在行政改革发展方向,切实转变工作理念,增强公安机关的服务职能,加大对社会服务力度。各级公安机关要摈弃以往的"官本位""权力本位"等错误理念,牢固树立"权为民所用,情为民所系,利为民所谋"的民本思想,树立"以人为本"的行政理念。这就要求公安机关完善工作机制,改善工作流程,以遵循通俗、便民、实用的基本原则,真正把"人民高兴不高兴,人民满意不满意,人民赞成不赞成"作为一切公安工作的出发点和落脚点。

第二,改进服务方法。作为政府职能部门之一的公安机关,窗口办事单位在整个公安机关中占有很大比例,这些部门与群众的联系也极为密切,创新具体的公安工作方法是赢得群众满意的很好切入点。建设服务型公安机关并不仅仅是更新工作理念、转换机关形象那么简单的事情,而要落实为实实在在的行动。这就要求公安机关要改进服务方法,继续推进审批制度改革,减少审批环节和中间程序,简化办事手续,公开办事流程,完善监督和投诉制度。另外,公安机关还要努力创新警务公开的方式,积极采取电子政务等新型手段和方法,拓宽与公众的沟通渠道。结合现代社会公众的特点,创新服务方法,一切以方便群众和让群众满意为出发点和归宿。

第三,创新服务方式。公安机关要创新服务方式,改变工作方法。在工作方式上,要由"人治"行政向"法治"行政转变。[①] 随着社会主义经济法律制度的不断完善,政府职能部门的工作方式也发生了重大转变,公安机关也要顺应时代发展,切实转变工作方式和服务方式,逐步将过去靠个人指令和命令办事的习惯,转为主要依靠法律手段进行科学管理。要全面执行公安相关的法律法规,把依

---

① 丁晨.对构建和谐社会条件下公安机关服务职能问题的探讨[J].广州市公安管理干部学院学报,2006(2).

法行政的要求落实在公安工作的每一个层面。没有对法律的忠诚,就谈不上执法文明。公安民警时时刻刻都在与群众打交道,其言谈举止和仪表形象都要体现现代民警的法律威严,在开展工作中要以人为本,以法律为准绳,既要方便群众办事,让群众满意,又不能影响社会的公平与正义。

忠于人民,体现了人民警察的一种工作理念和工作态度。全心全意为人民服务是公安机关的根本宗旨,也是公安机关的优良传统。坚持立警为公、执法为民,既是人民警察使命和责任的根本归宿,也是建警治警总方略的根本出发点和落脚点。要把维护和实现最广大人民的根本利益作为根本出发点,努力提高社会治理和公共服务水平,学会构建和谐警民关系,把人民群众满意作为衡量工作的根本标准,不断满足人民群众的新期待、新要求,真正做到人民公安为人民。

> 通过本节内容的学习,结合身边人身边事或者本人经历,谈谈公安改革惠民生都有哪些新举措,服务型公安机关建设还需要朝哪些方向努力。

✳ 案例回放——忠诚·警察故事

王瑞芳

——初心不改，余热生辉；一日为警，终身为民

时光荏苒，似水流年，徐家汇派出所社区民警王瑞芳与南丹南村小区风雨相伴已经20年了。徐家汇派出所民警王瑞芳今年已经60岁了，在南丹南村这个老旧的回迁安置小区内悉心耕耘、为民解忧，成了有口皆碑的"警坛匠人"。无论时代如何变化发展，他"走千家门、知百家情"的朴实作风始终如一，心里始终装着老百姓。王瑞芳2011、2012年被上海市公安局评为"平安先锋"，2018年获分局个人三等功，2019年获上海市公安局个人二等功，2021年获评"2020年徐汇区道德模范"，2022年获评全国特级人民警察。

关心居民　真抓实干做片警

南丹南村小区，在上海徐汇东北部，当地人习惯叫"南村"，几十年前，外地来沪打拼的村民们一批批汇聚到此，平地上搭起一间间屋。20世纪80年代政府出资改建，90年代所有住户回迁住公房，平均一人分到三四平方米。在"南村"楼道堆物、婆媳吵架，一年纠纷就200多起，菜贩占道摆摊、乱发乱贴小广告，甚至还有赌博现象……2002年，因为110报警量居高不下，名声在外的巡警王瑞芳被派到南村来"破题"。王瑞芳说："2000多户人家的大院子，治安能不能好，就看警民是不是一心。"王瑞芳动起了脑筋，"保温玻璃杯，我只倒三分之一的水，没水喝了，到家里倒点开水总可以吧"，用这个办法，他总算走进了居民的家门，进了门，得说话，话说多了，心就近了。王瑞芳每天都泡在小区里，把大部分居民的想法都摸了个清爽。

小区里一户人家，孩子是领养的，因为手续不全，也不懂政策，多少年来都办不下户口；孩子父亲开了个棋牌室，涉嫌赌博，来往聚会的人多，江湖气息重，对居委、街道干部，谁都不服气，动不动就争吵闹事，邻居投诉多。王瑞芳找上门，"我想办法帮你把孩子的户口办下来，你把棋牌室关掉"。

这户人同意了，跑民政局、跑户籍科、找资料看，王瑞芳把领养儿童的手续搞得明明白白，给孩子上了户口那天，孩子父亲十分激动，不停地感谢王瑞芳。

居民们沾亲带故的多，一传十、十传百，很快大家都知道了，南村，来了个做实事的片儿警。

逆向思维　设身处地解难题

作为汇师小学的校外辅导员,王瑞芳在每次护校时都尽心尽职,还积极为校园安全出谋划策。2020年4月底,疫情过后的汇师小学迎来复学。出于防疫要求,家长不得进校接孩子下课,但人数众多的家长拥在学校门口狭窄的文定路上,显然也会影响交通。王瑞芳提出:"为什么我们不能反过来想一想呢?不如把家长先集中起来排队,再一个班一个班带到学校门口,接走相应班级的学生。"于是,每到放学时,盛源大地家居城广场前,老师举着班级号牌,学生家长按照学号排队的场面成为一道别致的风景线。

由于安全、高效、有序,该方法被沿用至今,并被徐汇教育系统推广,而王瑞芳对此却低调得只字未提,直到校方向派出所表扬了他。

南丹南村小区在外立面改造工程中,一些施工人员每天过早开工、将搭建脚手架的毛竹随意乱扔、噪声扰民等问题也随即暴露出来,引发居民投诉或报警。王瑞芳获悉后,立即找到施工方负责人。"杨总啊,我们小区老人多,受不了你们工人每天7点不到就开工扔毛竹,再说还有上夜班回家的人,被你们吵得都无法入睡,这我可得管,你们可得改改啊!"之后,王瑞芳还是不放心,隔三差五就大清早来到小区,观察工人们是否遵守之前的约定。他这么一叮、一站,施工扰民的现象果然大大减少了。居民们都说:"谢谢你哦,王警官,有你在,我们就安心了。"

点滴小事　警民之间有温情

民警在同一个社区,通常会待个五年左右,但到了王瑞芳要调动的时候,社区居民们却不答应了。

几年下来,南村大变样,小区里的棋牌室没有了,占道摆摊的菜贩再也进不来,消防安全设施都到位,大家获得了前所未有的安全感。"南村谁都能走,王警官不能走的呀!"83岁的周师傅说。每听说他要调动,大家就要到居委、街道去,先"求证"再"辟谣"。

就这样,从四十岁到六十岁,几次调动的机会,王瑞芳都没挪窝,一不小心,二十年的光阴都留在了南村。

在居民们心里,王瑞芳早已不仅是一个社区民警,也是有困难可以求助的好兄弟,是公平正义的主持人。

儿女们上班,独居的老人联系不上,找王瑞芳;遇到交通事故,不知道怎么处理,找王瑞芳;邻里间闹别扭,争执摆不平,还找王瑞芳……整天在居民堆里泡,王瑞芳泡出了威信,更泡出了信任。

小区里有一支居民们自发组建的义务巡逻队，为了小区平安尽心尽力，过年了，也不休息，看到有陌生人鬼鬼祟祟、探头探脑的，都会上去问个究竟。

队员们年纪大，巡逻都爱喝口水，小区居民收入不高，拎着自家的玻璃杯，水一会儿就凉了。

"大家巡逻这么辛苦，喝口热水总可以吧？"街道办事处主任的桌前，王瑞芳来讨杯子，主任没多说，签了字，38个保温杯，巡逻队员人手一个。冬天里，这口热水，喝着真暖和。

从警以来，王瑞芳一直精瘦着，一点发福的迹象都没有，只是头发越来越白。他与居民熟稔地用苏北话和安徽话聊着天，社区民警做到这个程度，他很愉快，很享受，所以他把自己的微信命名为"开心果"，他就是南村居民的开心果。

战"疫"当前　临退休老民警勇挑重担

在本轮疫情中，今年即将退休的王瑞芳，发挥党员民警兼任居民区党总支副书记的优势，主动把居委工作承担起来，组织大家投身核酸检测、物资分发、转运病患、助老帮困等防疫工作，为自己服务了二十年的社区站好最后一班岗。

由于小区里近四分之一都是老年人，需要紧急送医、配药的情况非常多，而这种紧要事又大多发生在后半夜，所以王瑞芳几乎没有睡过一天踏实觉，甚至好几次接起电话就从沙发上摔了下去。

爱出者爱返。尽管付出了很多，很辛苦，但王瑞芳说自己也得到了很多关爱和支持。由于很多老人使用的不是智能手机，无法登录"健康云"，需要人帮助，王瑞芳就在小区里紧急招募志愿者，没想到一下子就来了70多个人，这在整个徐家汇街道，都是最多的了。这也是因为老王在这里做了整整20年社区民警，与居民早已亲如家人。这些来当志愿者的年轻人，很多都是王瑞芳从小看着长大的。这种紧密的情感纽带，让整个南丹南村的核酸检测进行得非常顺利。

（资料来源：平安徐汇公众号2022年5月28日）

点评：2019年11月2日，习近平总书记考察上海时，在杨浦滨江首次提出"人民城市人民建，人民城市为人民"的重要理念。2020年11月12日，习近平总书记在浦东开发开放30周年庆祝大会上的讲话中又强调："要提高城市治理水平，推动治理手段、治理模式、治理理念创新，加快建设智慧城市，率先构建经济治理、社会治理、城市治理统筹推进和有机衔接的治理体系。"

徐家汇派出所社区民警王瑞芳正是这一理念的践行者。20年来，他以绣花功夫绘就平安画卷，没有惊心动魄的出生入死，没有大案告破的鲜花掌声，有的只是日复一日的平凡坚守。王瑞芳把南村当作自己的家,把居民当成家人,以细心、耐心、卓越心精耕细作,用绣花功夫绘就了一幅公安基层治理的平安画卷。

作为一名中国人民警察预备警官,我们要传承的就是这种几十年如一日将自己的耐心、细心与专心投入工作的实际行动;我们要传承的就是这种无论高温酷暑,还是台风暴雨,从白天到黑夜一丝不苟的工作态度;我们要传承的就是这种不忘为人民服务的入党初心与入警初心。

【思考与实践】

1. 为什么说全心全意为人民服务是公安机关的根本宗旨?
2. 请简述如何构建和谐警民关系。
3. 利用主题班会课,组织一次课堂辩论赛,授课教师进行讲评。

主题:人民警察主要是严格执法,还是服务人民?

要求:分成正方和反方;做好记录;拍摄辩论现场视频。

第五章　忠于法律：树立权威、神圣的法律意识

忠于法律是指人民警察的一切工作都应严格依照法定的程序来进行，遵守法律的规定，对法律负责，忠实地维护法律的权威和尊严，做到有法必依、执法必严、违法必究，不得有任何超越法律的特权行为。忠于法律要求我们必须坚持社会主义法治理念，坚持对法律负责与对党负责、对人民负责的一致性。

那么，面对情与法、权与法，人民警察怎么做才能达到政治效果、社会效果与法律效果的统一呢？

> 【学习目标】
> 　　通过学习忠于法律的重要意义，掌握忠于法律的主要内容，了解忠于法律的特色方法，落实在具体的公安工作实践中。
> 【学习重点】
> 　　1. 人民警察忠于法律的重要意义；忠于法律是由公安机关的性质决定的，是树立法治信仰的重要保障，也是提高法律素养的必要条件。
> 　　2. 忠于法律的具体内涵，法律忠诚和法律意识、法治理念、社会主义法治理念的相互关系以及忠于法律的主要体现和要求。
> 【学习难点】
> 　　掌握如何联系公安工作和执法办案实践，了解忠于法律的特色方法，并开展相关法律实践活动，特别是在公安执法实践中，培育忠于法律的意识和品格。

第一节　忠于法律的重要意义

忠于法律就是要求人民警察无论面对什么情况，都应毫不动摇地按照法律的要求行事，使执法行为始终以法律为准则，而不以法律赋予的职权牟取私利，

更不能以个人的情感代替法律。其中最核心的是要做到执法公正,就是指人民警察在执法过程中,必须以事实为依据,以法律为准绳,不徇私情,不畏权威,不枉不纵,惩恶扬善。

一、公安机关的性质决定了必须忠诚于法律

人民警察忠于党、忠于国家、忠于人民和忠于法律,这是一种鲜明的政治信念。

党和国家的事业需要公安机关保驾护航。《中共中央关于进一步加强和改进公安工作的决定》指出:"公安机关是人民民主专政的重要工具,是武装性质的国家治安行政力量和刑事司法力量,肩负着打击敌人、保护人民、惩治犯罪、服务群众、维护国家安全和社会稳定的重要使命。"当前,我国经济发展、社会稳定,但国际形势错综复杂,影响国家安全和社会稳定的不确定因素在增加。西方敌对势力从未放弃对我国实施西化、分化的图谋,渗透与反渗透、颠覆与反颠覆、分裂与反分裂的斗争复杂尖锐。目前,我国正处于改革的攻坚阶段和发展的关键时期,一些深层次的矛盾不断显现,刑事犯罪和经济犯罪危害严重,群体性事件和突发事件对社会稳定的影响越来越大,互联网上影响稳定的问题日益突出。维护好重要战略机遇期的社会稳定,任务艰巨、意义重大。习近平总书记要求,政法机关作为人民民主专政的国家政权机关,是党和人民掌握的"刀把子",要旗帜鲜明地坚持党的绝对领导,自觉在思想上、政治上和行动上同党中央保持高度一致。

为提高党的执政能力和执政水平,实现国家治理体系和治理能力现代化,党中央提出全面推进依法治国的基本方略。我们党深刻总结我国社会主义法治建设的成功经验和深刻教训,提出为了保障人民民主,必须加强法治,必须使民主制度化、法律化,把依法治国确定为党领导人民治理国家的基本方略,把依法执政确定为党治国理政的基本方式。党的政策和国家法律都是人民根本意志的反映,在本质上是一致的。党既领导人民制定宪法和法律,也领导人民执行宪法和法律,做到党领导立法、保证执法、带头守法。公安机关作为国家政权机关,更要与党中央保持一致。习近平总书记指出,政法工作做得怎么样,直接关系广大人民群众切身利益,直接关系党和国家的工作大局,直接关系党和国家长治久安。"要全面依法治国,持续推进科学立法、严格执法、公正司法、全民守法,坚持依法治国、依法执政、依法行政共同推进,坚持法治国家、法治政府、法治社会一体建设,努力建设中国特色社会主义法治体系,建设社

会主义法治国家。""要坚守职业良知、执法为民,教育引导广大公安民警自觉用职业道德约束自己,做到对群众深恶痛绝的事情零容忍、对群众急需急盼的事情零懈怠,树立惩恶扬善、执法如山的浩然正气。要信仰法治、坚守法治,把法治精神当作主心骨,做知法、懂法、守法、护法的执法者,只服从事实,只服从法律,铁面无私,秉公执法。"党的二十大报告明确指出,全面依法治国是国家治理的一场深刻革命,关系党执政兴国,关系人民幸福安康,关系党和国家长治久安。必须更好发挥法治固根本、稳预期、利长远的保障作用,在法治轨道上全面建设社会主义现代化国家。

二、树立法治信仰是人民警察严格执法的保障

为完成党和国家赋予公安机关的历史使命,国家和法律赋予了人民警察一定的权力,其中包括行政强制、行政处罚等行政执法权和刑事侦查、刑事强制措施等刑事执法权,以及使用武器、警械的职务权力。因此,警察的公权力就天然具有对公民私权利的潜在侵害性。

依法执法就是最文明的执法

(来源:中国共产党新闻网)

而公安院校学生在校学习期间还不是正式的公安民警,没有执法权,但是在校学习期间已经作为辅助执法力量参与执法执勤,所以说,广大学生应当抓住在校学习的宝贵时间,进行系统的法律知识的学习,为将来踏上工作岗位,在具体的执法执勤工作中正确履职打下良好的法律基础。

人民警察职权的特点,要求我们一定要树立法治信仰。我们一直要求人民警察严格执法,但法律不是机械的,需要人来执行。首先,严格执法不能排除自由裁量权。客观事物总是以丰富多彩的个性存在于客观世界,差异性、多样性永远是绝对的,相同性则是相对的,这就使得统一执法永远达不到量体裁衣的公正效果;随着社会的变迁,人们价值观念的变化,各种新情况、新问题不断出现,这就使得法律

的稳定性和滞后性的矛盾突显，这一矛盾的存在，决定了自由裁量权存在的合理性。其次，警务自由裁量行为的主体是警察，而警察由不同的个体组成。对同一件事，不同的人由于其个人素质的差异，往往看法各异，而且，即使是同一个人，对同一件事在不同的时间、地点由于其情绪的差异，前后的看法也往往迥然有别。在这种情况下，公民的命运就随着警务环境的变更而变化，成为警察机构和警务人员的道德观念、推理方式或情绪起落的牺牲品，这就使人们不得不对警察自由裁量行为的公正性抱有怀疑的态度。最后，我们也必须看到，自由裁量权是利弊兼有的双刃剑。如果人民警察对自由裁量权行使不当，滥用自由裁量权，那不仅无益于其法律价值的实现，反而会造成法律价值的毁灭和权威的失落。

树立法治信仰是用好手中职权的重要保障。要建立法治国家，除了要有健全的法律制度外，建设公民的法律信仰是必不可少的。如果公众没有对法律的信仰，遵守法律仅仅是因为慑于它的威力的话，那么法律是不会真正起到协调社会、实现公平正义的作用。法治社会，"法律必须被信仰，否则它形同虚设"。明朝著名政治家、改革家张居正就法律执行与人的观念之间的关系也曾经指出："法之不行者，人之不为也。"还有"造法易，执法难"的法律格言，都是说在人内在的思想观念不转变的情况下，法律得到遵守和执行的状况是很难的。只有让人民警察从内心真正树立起了尊重和信仰法律的观念，才能从根本上用好手中的权力，保护公民的合法权益。

三、提高法律素养是忠于法律的必要条件

公安院校对于学生的法律教育，对培育学生的法律思维、提升学生的法律素养有非常重要的作用。守法的前提是懂法，一个不懂得法律知识的民警，很难想象他将会怎样把自己的忠诚奉献于法律信仰。

社会文明程度提高对广大公安民警的综合素质要求也随之提高。这主要表现在：

一是刑事犯罪发案情况复杂。从近年的案发特点来看，经济、金融领域的犯罪呈现多发态势。这类案件往往受害群体大，且分布较广，影响的可能不是个体，可能影响到一个家庭的生活等，广大人民群众的切身利益受到严重损害，因此，对于遏制该类犯罪的呼声较高。而对此类犯罪的侦破，不但需要花费大量的警力和财力，而且还需要法律素养较高的侦查人员。

二是社会对公安民警综合素质的期待提高。社会文明越发达，法治程度越高，

法律规范就成为调节社会运行的主要方式。人们不管遇到什么问题更倾向于寻求法律途径解决,而不是靠人情社会那样寻求其他方式调节。因此,当前民众的法律意识普遍较高,对于公安民警的素质,特别是法律素质的期待也相应提高。

三是对广大公安民警的警务素质要求较高。地处上海特大型城市的广大公安民警,在城乡执法的具体实践中,面对形形色色的不同群体,在警务工作中遇到的情况纷繁复杂。现代警务机制也决定了公安民警"一警多能",比如说,治安岗位的民警要学习刑事执法方面的知识,刑侦岗位的民警要掌握街面巡逻盘查的技能。

公安院校学生是预备警官,是公安队伍的生力军。只有在校学习期间进行系统的法律知识的学习与运用,培养自己较高的法律素养,才能在具体的公安工作和警务实战中成为忠于法律的实践者。

第二节 忠于法律的主要内容

一、忠于法律的具体内涵

人民警察忠于法律是指人民警察应该按照宪法法律的规定严格要求自己,牢固树立对法律的信仰,使自己的一切工作都应严格依照法定的程序来进行,遵守法律的规定,对法律负责,忠实地维护法律的权威和尊严,做到有法必依、执法必严、违法必究,不得有任何超越宪法法律的特权,绝不允许以言代法、以权压法、逐利违法、徇私枉法。

阅读窗

中国特色社会主义法律体系已经形成

2011年3月,十一届全国人大四次会议第二次全体会议宣布,中国特色社会主义法律体系已经形成。这庄严地宣告了中国已在根本上实现从无法可依到有法可依的历史性转变。中国特色社会主义法律体系,是中国特色社会主义伟大事业的重要组成部分,是全面实施依法治国基本方略、建设社会主义法治国家的基础。

"中国特色社会主义法律体系的形成,是我国社会主义民主法制建设的一个重要里程碑,体现了改革开放的重大成果,反映了建设中国特色社会主义的内在要求和现实需要,具有十分重要的意义。"①我国正在全面落实依法治国基本方略,加快建设社会主义法治国家。忠于法律本来就是法治国家对普通公民最基本的要求,作为专政工具的人民警察更是必须无条件地严格遵守法律的规定。忠于法律是忠于党、忠于国家、忠于人民的制度保障。

> **微链接**
>
> 自由就是做法律许可范围内的事情的权利。
>
> ——[古罗马]西塞罗

我国法律体系包括宪法、法律法规、自治条例和单行条例、部门规章和地方政府规章以及大量的司法解释等。宪法是国家的根本大法,具有最高的法律效力。我国宪法规定,"公民必须遵守宪法和法律","任何组织或者个人都不得有超越宪法和法律的特权"。

《中华人民共和国人民警察法》是一部涵盖了警察的职权、义务和纪律、组织管理、警务保障、执法监督、法律责任等各方面的全面的法律。其中第三条规定:"人民警察必须依靠人民的支持,保持同人民的密切联系,倾听人民的意见和建议,接受人民的监督,维护人民的利益,全心全意为人民服务。"第四条规定:"人民警察必须以宪法和法律为活动准则,忠于职守,纪律严明,服从命令,严格执法。"自2010年6月1日起开始施行的《公安机关人民警察纪律条令》是第一部系统规范公安机关及其人民警察纪律以及对违反纪律行为给予处分的部门规章。其中第十三条规定:"利用职权干扰执法办案或者强令违法办案的,给予记过或记大过处分;情节较重的,给予降级或者撤职处分;情节严重的,给予开除处分。拒绝执行上级依法作出的决定、命令,或者在执行任务时不服从指挥的,给予警告、记过或者记大过处分;情节较重的,给予降级或者撤职处分;情节严重的,给予开除处分。"这些法律条文硬性规定了警察必须坚持忠于党、忠于国家、忠于人民、忠于法律的忠诚观,否则会受到法律的惩罚。

---

① 王兆国.关于形成中国特色社会主义法律体系的几个问题[N].人民日报,2010-11-15.

二、法律忠诚与法律意识、法治理念、社会主义法治理念的相互关系

法治理念是指人们对于法、法的功能与价值、法治运行的目标与作用及其应然模式的观念、思想、认识的系统思考和总的看法,是法律文化的积淀、法律原则的结晶、法治客观规律的集中反映。法治理念不仅包括对法治现实的认识,也包括对法治的信念、理想和追求。法治理念与法律意识是相互包容、相互影响、部分与整体的关系。法治理念是法律意识的重要组成部分,是一种高层次的法律意识。

> **微链接**
>
> 法治意味着,政府除非实施众所周知的规则,否则不得对个人实施强制。
>
> ——[英]哈耶克

社会主义法治理念是指关于社会主义法治的理想、信念和观念,是社会主义法治的内在要求、精神实质和基本原则的概括和反映,是指导和调整社会主义立法、执法、司法、守法和法律监督的方针和原则。其基本内涵可以概括为依法治国、执法为民、公平正义、服务大局、党的领导五个方面。依法治国是社会主义法治的核心内容,执法为民是社会主义法治的本质要求,公平正义是社会主义法治的价值追求,服务大局是社会主义法治的重要使命,党的领导是社会主义法治的根本保证。这五个方面相辅相成,体现了党的领导、人民当家作主和依法治国的有机统一。这五个方面又各有其丰富的内涵。只有对这些内涵进行全面的了解,才能深刻理解社会主义法治理念,做到胸中有全局;才能正确把握公安行政执法和刑事侦查在社会主义法治中所处的地位、肩负的职责及所追求的目标;才能在公安工作中牢固树立和自觉践行社会主义法治理念。

(一)依法治国是社会主义法治的核心内容,是我们党领导人民治理国家的基本方略

树立依法治国的理念,就是要在全社会和全体公民中,特别是在执法者中养成自觉尊重法律、维护法律权威、严格依法办事的思维意识,使广大人民群众在党的领导下依照宪法和法律规定,通过各种途径和形式管理国家事务,管理经济文化事务,管理社会事务,保证国家各项工作依法进行,逐步实现社会主义民主政治的规范化、程序化和法制化。就执法者而言,就是要树立崇尚法律的意识。随着立法工作的加强,我国已初步形成了比较健全的法律体系,有法可依已成为

现实。现在,最重要的是必须做到有法必依、执法必严。在执法过程中,如果同样的事有不同的处罚,同样的错有不同的追究,必然会削弱法律固有的权威,损害法律应有的尊严,动摇人们对法律的信仰。因此,执法者必须对法律充满热情和信心,竭力维护法律的尊严和权威,从而有效地实施依法治国方略。

贯彻习近平法治思想　高水平建设法治公安

(来源:求是网)

2012年12月,习近平总书记在首都各界纪念现行宪法公布实施30周年大会上指出,"落实依法治国基本方略,加快建设社会主义法治国家,必须全面推进科学立法、严格执法、公正司法、全民守法进程","努力让人民群众在每一个司法案件中都感受到公平正义","各级领导干部要提高运用法治思维和法治方式深化改革、推动发展、化解矛盾、维护稳定能力"。2013年1月,习近平总书记就做好新形势下政法工作作出重要指示:"顺应人民对公共安全、司法公正、权益保障的新期待,全力推进平安中国、法治中国、过硬队伍建设。"随后,习近平总书记在十八届中央纪委二次全会上强调"坚持'老虎''苍蝇'一起打,既坚决查处领导干部违纪违法案件,又切实解决发生在民众身边的不正之风和腐败问题","党纪国法面前没有例外",要健全权力运行制约和监督体系,"把权力关进制度的笼子"。同时,实施行政审批制度改革,建立权力清单制度,有效推进了依法行政的进程。

(二)执法为民是社会主义法治的本质要求,是公安工作的出发点和落脚点

执法为民包含有一切为了人民、坚持群众路线、尊重和保障人权三方面的内涵。一切为了人民是执法为民理念的基本要求,公安机关必须立足本职、恪尽职守,严密防控和打击违法犯罪,真正保证公民的人身权利、财产权利和民主权利不受侵犯。坚持群众路线,首先必须正确处理专门机关工作与群众路线的关系。一方面要加强公安机关机构建设,保障公安机关充分发挥职能作用;另一方面要切实做好群众工作,在新形势下,坚持专群结合,集中体现在固本强基上。其次,

要学会做群众工作。在新形势下,公安工作中的群众工作仍是必不可少的,这一点必须十分明确。尊重和保障人权,要求公安机关在工作中要为广大人民群众共同和普遍的人权提供保障,要有很强的人权保障意识,切实维护广大人民群众的基本人权,充分体现亲民、爱民、便民、护民的工作作风。

(三)公平正义是社会主义法治的价值追求,是整个公安工作永恒的主题

对于公安机关和广大公安民警来讲,树立公平正义理念,就要准确把握合法合理、平等对待、及时高效、程序公正四个方面的内容。合法性,要求一切执法行为必须符合法律的规定,执法者既要严格遵守实体法,又要严格遵守程序法。合理性,是指执法中正确行使自由裁量权,使权力行使符合法律赋予该项权力的目的,案件与处理结果轻重幅度要相当,同样情形必须同样处理。平等对待,是法律面前人人平等原则的具体要求,体现为反对特权、禁止歧视。及时高效,是检验公安机关控制违法犯罪、维护社会稳定的执法能力与水平的一个重要方面,要求公安机关必须提高执法效率,节约执法成本,提高执法的科学性。程序公正,则意味着正义不仅应当实现,而且应当以人们看得见的方式实现。以程序规范执法行为,克服执法者的随意性,防止权力滥用。

促进社会公平正义是政法工作的核心价值追求,从一定意义上说,公平正义是政法工作的生命线,司法机关是维护社会公平正义的最后一道防线,"决不允许对群众的报警求助置之不理,决不允许让普通群众打不起官司,决不允许滥用权力侵犯群众合法权益,决不允许执法犯法造成冤假错案"。

(四)服务大局是社会主义法治的重要使命,是检验法治实践和公安工作成效的客观标准

社会主义法治中的"大局",是指"中国特色社会主义事业"。公安机关是执行国家法律的专门机关,是社会主义法治的重要实践者和推动力量,必须坚持法治为社会主义现代化事业服务的方向,自觉为完成社会主义法治所肩负的重要

微链接

全国政法机关要增强忧患意识、责任意识,防控风险、服务发展、破解难题、补齐短板,提高维护国家安全和社会稳定的能力水平,履行好维护社会大局稳定、促进社会公平正义、保障人民安居乐业的职责使命。

——习近平

使命而不懈努力,保障党和政府的中心任务和工作顺利完成,巩固党的执政地位,维护国家长治久安。

(五)党的领导是社会主义法治的根本保证,是公安机关完成法律所赋予的重大历史责任和使命的有力保障

只有不断加强和改进党对公安工作的政治、组织和思想领导,才能保证公安机关全面发挥好维护国家安全、化解矛盾纠纷、打击预防犯罪、管理社会秩序、维护公平正义、服务改革发展的职能,为在全社会实现公平正义、构建社会主义和谐社会发挥积极作用。要始终坚持马克思主义在公安工作中的指导地位,做到这一点,就是要用习近平新时代中国特色社会主义思想武装广大公安民警的头脑。要坚决贯彻执行党的路线、方针、政策和党委的重大决策部署,自觉服从党对公安工作的领导。这样才能保证公安工作充分发挥其职能作用。

社会主义法治理念的确立,为我国法治建设提供了强大的理论指导。因为它是马克思主义法治思想中国化的理论成果,是中国特色社会主义理论体系的重要组成部分,是社会主义法治建设的灵魂。它的确立,标志着中国在法治与现代国家的生长之路上又迈出了关键一步。

进入新时代,中国共产党"以促进社会公平正义、增进人民福祉为出发点和落脚点",积极回应时代和人民的期待,继承和发展了全面实施依法治国,建设社会主义法治国家的基本思路,提出了新的法治论述,丰富了法治理念的内涵,推动了法治中国建设,标志着我国法治建设进入了新的历史阶段。

全面依法治国是中国特色社会主义的本质要求和重要保障。我们必须把党的领导贯彻落实到依法治国全过程和各方面,坚定不移走中国特色社会主义法治道路,完善以宪法为核心的中国特色社会主义法律体系,建设中国特色社会主义法治体系,建设社会主义法治国家,发展中国特色社会主义法治理论。

要做到忠于法律就必须树立权威、神圣的法律意识,而树立权威、神圣的法律意识要求我们必须坚持社会主义法治理念,不断发展中国特色社会主义法治理论,将社会主义法治理念内化于人民警察心中。要以正确的法治理念引领执法活动,坚持教育引导、典型引领、实践养成相结合,采取有效措施,积极引导广大公安民警把社会主义法治精神内植于心、外践于行,切实增强严格依法履行职责的观念、法律面前人人平等的观念、尊重和保障人权的观念,做到自觉尊法、学法、守法、用法,坚持严格规范公正文明执法,努力让人民群众在每一起案件办

理、每一件事情处理中都能感受到公平正义。要以严密的制度机制规范执法活动,紧紧围绕建设法治公安目标,狠抓中办国办《关于深化公安执法规范化建设的意见》落实,进一步健全执法制度、完善执法程序、强化执法管理、深化执法公开,持续推动执法规范化建设升级,确保各项执法活动都在法治化、制度化、规范化轨道上运行,努力以程序公正来保障实体公正。要以有力的监督制约约束执法活动,紧紧围绕规范权力运行这一核心,紧紧抓住容易出现执法问题的重点岗位和关键环节,坚持外部监督与内部监督相结合,进一步深化执法权力运行机制改革,着力构建高效严密的执法管理监督和责任追究体系,做到铁面无私、秉公执法,确保不偏不倚、不枉不纵,最大限度地防止徇私枉法、执法不公等问题的发生,不断提升公安机关的执法公信力。

> 微链接
>
> 法不阿贵,绳不挠曲。
>
> ——《韩非子·有度》

第三节　培育人民警察忠于法律的特色方法

一、坚持法律面前人人平等的观念,严格遵守法律

人民警察忠诚于法律就必须牢固树立法律面前人人平等的观念,摈弃特权思想。法律面前人人平等是公平正义的首要内涵。若无平等,公平正义便是空谈。法律面前人人平等是社会主义法治的基本原则,也是中国共产党的一贯主张。法律面前人人平等是公平正义的首要内涵、前提和基础。法律面前人人平等,具体指的是在实施法律时,即司法、执法、守法上的平等。我国《宪法》第三十三条明确规定:"中华人民共和国公民在法律面前一律平等。"就是要求任何组织和个人都不得有超越宪法法律的特权,绝不允许以言代法、以权压法、逐利违法、徇私枉法。对所有社会成员以同样的标准对待,一视同仁。一是所有公民法律地位都是平等的,平等地享有权利,平等地履行义务。二是对所有公民平等地适用法律。三是同种情形同等处理。坚持法律面前人人平等,就要反对特权。任何个人或组织都必须遵守宪法和法律。

特权，顾名思义就是法律、制度之外的特殊权力，即个人或集团凭借经济势力、政治地位、公共权力与身份地位而享有的特殊权力、利益。任何组织或者个人都不得有超越宪法和法律的特权，绝不允许以言代法、以权压法、徇私枉法。共产党员永远是劳动人民的普通一员，除了法律和政策规定范围内的个人利益和工作职权外，所有共产党员都不得谋求任何私利和特权。特权的存在，与公平正义的要求相对立，为党的宗旨路线和社会主义民主政治所不容。特权思想、特权现象严重脱离人民群众，极大损害党和政府形象，人民群众强烈不满，必须坚决反对和克服。

2013年2月习近平总书记在以"全面推进依法治国"为主题的中共中央政治局第四次集体学习时强调，"坚持依法治国、依法执政、依法行政共同推进，坚持法治国家、法治政府、法治社会一体建设"，并指出"执法者必须忠于法律"，"努力以法治凝聚共识"，"形成人们不愿违法、不能违法、不敢违法的法治环境"，"引导全体人民遵守法律、有问题依靠法律来解决，形成守法光荣的良好氛围"，"把党的领导贯彻到依法治国全过程"，"各级组织部门要把能不能依法办事、遵守法律作为考察识别干部的重要条件"。

公安机关作为重要的政府职能部门，依法行使党和人民赋予的权力是由公安机关的本质属性所决定的。在实践中，公安机关根据宪法和法律的规定，代表政府行使刑事司法和行政执法权，这些权力是其他政府职能部门、机关团体、企事业单位和个人不具备的公权力。但权力历来是把"双刃剑"，坚持执法为民，严格在法律和制度的轨道内行使权力，就能有效维护群众合法权益，促进社会和谐稳定；超出法定职权范围使用权力，以权谋私、权力寻租、滥用职权，就会损害人民群众利益，败坏党和政府形象，动摇党的执政根基。可以清楚地看到：特权思想的本质特征，就是搞"法外特权"；特权思想的要害，就是随意"弄权"，甚至把国家的公权力"私有化""商品化"。

当前公安队伍中还存在着许多亟待解决的突出问题，其中，特权思想和特权现象是历经历史积淀形成的一大"顽症"，与公安机关的性质、公安工作的宗旨背道而驰，严重影响公安队伍形象，制约公安工作可持续发展，必须高度警惕、坚决摒弃。我们必须做到法纪面前人人平等、遵守法纪没有特权、执行法律没有例外，对腐败分子不手软、不姑息，发现一个查处一个，坚决清除公安队伍中的极少数"害群之马"。

二、树立和维护宪法法律权威

人民警察法律忠诚就必须坚持宪法法律至上原则。宪法法律至上,是依法治国的必然要求,是建设社会主义法治国家的应有之义,也是现代法治文明的合理内涵,其实质就是要树立宪法法律权威。"在专制政府中,国王便是法律。同样地,在自由国家中,法律便应该成为国王。"树立宪法法律权威"是指宪法法律在国家和社会生活中享有崇高的威望,得到广泛的认同和普遍遵守;宪法法律在调控社会生活方面发挥基础和主导的作用"。

> **微链接**
>
> 依法治国,首先是依宪治国;依法执政,关键是依宪执政。
>
> ——习近平

要更加注重发挥法治在国家治理和社会管理中的作用,就必须维护国家法制统一、尊严、权威。坚持法律至上,树立宪法法律权威,首先必须完善中国特色社会主义法律体系,在坚持科学、民主立法,提高立法质量,充分反映广大人民群众根本利益的基础上,坚决维护法律体系的统一和尊严,因为"大家所服从的法律又应该本身是制定得良好的法律"。其次要坚决维护执法部门的公信力和权威,因为"凡是能做到严格公正执法,法制的权威与尊严就能得到切实的维护……就能促进国家的长治久安"。一方面要推进依法行政,切实做到严格规范公正文明执法;另一方面要公正司法,保障司法机关独立办案,坚持公平正义,保证有法必依、执法必严、违法必究。再次必须引导全民守法,引导全民守法是树立法律权威的社会基础。通过普法宣传教育、加强法治文化建设等途径,不断增强公民的法律自觉意识,营造人人自觉守法用法的法治氛围,引导公民树立法治信仰,弘扬法治精神。

《中共中央关于全面推进依法治国若干重大问题的决定》中提出:"建立宪法宣誓制度,凡经人大及其常委会选举或者决定任命的国家工作人员正式就职时公开向宪法宣誓。"这是从顶层设计上尊崇宪法的又一生动体现,必将极大地激发广大公职人员尊法、敬法、爱法、护法的决心。

奉法者强则国强,法律是治国理政最大最重要的规矩。如果一个国家讲文明重法治,那么这个国家就会经济发展、政治清明、文化昌盛、社会公正、生态良好,国家富强、民族复兴就会有重要保障。

树立和维护宪法法律权威，还必须理顺"情"与"法"的关系，去除传统伦理道德及人治传统的负面影响。中国传统伦理文化，是建立在小农自然经济的生产方式之上，以儒家文化为观念架构，以宗法血缘关系的社会结构为社会依托。在儒家传统文化中，以血缘为根基，以人性的情感心理为出发点，一再确认长幼、尊卑、亲疏、远近的伦理关系和社会秩序，同时极力培养人们对这一关系和秩序的认同，它构成了我国"人情"的核心部分。这种传统的伦理道德对国人的影响是根深蒂固的。无论在什么样的社会历史背景之下，一个人总是逃不脱人情对其影响，费孝通先生称之为"熟人社会"也正是这个道理。亲情、乡情、友情总是在不知不觉中影响甚至左右着人们的思想、行为方式，既有积极方面，也有消极影响。但作为公权力的执行者，一旦情感和法律的天平偏向了情感的一边，就会出现以情代法的结果，处理事情往往遵循先"情"，再"理"，最后才是"法"的思维逻辑。这种以"人治"代替"法治"的思想在某些民警身上还存在。他们办案不是依照法律的规定，而是看关系好不好、感情深不深。实

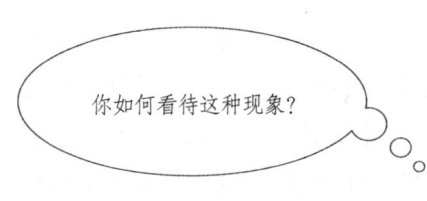

践中，一些警察之所以办人情案、关系案，就是因为没有理顺情与法的关系。

在我国历史上，人治的传统非常悠久，人言大于法规，王权高于法律一直都被视为正常现象。官贵民贱、权强法弱的传统思想根深蒂固。在党的十五大上，党中央明确提出"依法治国，是党领导人民治理国家的基本方略"，并将依法治国写进了宪法，我国从此切实走上了依法治国的道路；党的十六大报告又把依法治国列为社会主义民主政治建设的重要内容和目标，将"依法治国，建设社会主义法治国家"写入党章；经过几代人的不懈奋斗，建设社会主义法治的道路已经越走越宽，越走越辉煌。进入新时代，社会主义法治国家建设深入推进，全面依法治国总体格局基本形成，中国特色社会主义法治体系加快建设，司法体制改革取得重大进展，社会公平正义保障更为坚实，法治中国建设开创新局面。但也必须清醒地看到，沉积了数千年的"人治"传统不可能在短时间内就销声匿迹，一些民警自觉不自觉地就会受到其影响，头脑中存在着当权者就是管理者，就是管理人民的惯性思维，对待群众冷、硬、横，"门难进、脸难看、话难听、事难办"。这种思维从根本上不利于树立和维护宪法法律的权威。

要加强宪法实施和监督，推进合宪性审查工作，维护宪法权威。推进科学立法、民主立法、依法立法，以良法促进发展、保障善治。建设法治政府，推进

依法行政,严格规范公正文明执法。深化司法体制综合配套改革,全面落实司法责任制,努力让人民群众在每一个司法案件中感受到公平正义。加大全民普法力度,建设社会主义法治文化,树立宪法法律至上、法律面前人人平等的法治理念。各级党组织和全体党员要带头尊法、学法、守法、用法,任何组织和个人都不得有超越宪法法律的特权,决不允许以言代法、以权压法、逐利违法、徇私枉法。

三、严格依法办事

人民警察忠诚于法律就要严格依法办事。依法治国方略确立以后,依法办事已成为全社会的共识和各级公安机关人民警察的行动准则。特别是随着中国特色社会主义法律体系的形成,依法办事已不仅是一种理念,更有了现实的可操作性。

> **微链接**
>
> 政法系统是国家的免疫系统,是营血卫气、祛邪扶正、保证社会肌体健康的重要力量。
>
> ——习近平

各级公安机关领导干部应该带头依法办事,否则就没有广大政法干警对宪法和法律的信仰,就没有全社会对法制的尊崇,就没有广大人民群众对法治的认同。

(一)各级公安机关和人民警察依法办事,首先要牢固树立社会主义法治理念

社会主义法治理念是中国特色社会主义理论体系的重要组成部分,广大公安民警必须准确把握社会主义法治理念的深刻内涵,切实增强政治认同、理论认同、感情认同,坚定不移地走中国特色社会主义法治建设道路,坚持以社会主义法治理念指导政法工作,满足新时期党和人民对政法工作的新要求、新期待,实现党的领导、人民当家作主、依法治国的有机统一,不断发展和完善社会主义法治理论。

(二)各级公安机关和人民警察依法办事,就是要带头贯彻执行宪法和法律

我国的宪法和法律是党和人民意志的集中体现,是中国特色社会主义事业

的法制根基和法制保障。我国的宪法和法律明确了党的领导地位,明确了国家的根本制度和根本任务,明确了国家一切权力属于人民,明确了公民依法享有广泛的权利和自由。确保宪法和法律的正确实施,切实维护社会主义法制的权威,是广大公安民警必须带头履行的重要职责,是引领政法队伍做中国特色社会主义事业建设者和捍卫者的必然要求。人民警察要做严格执法、公正执法、文明执法、忠诚于法的典范。

(三)各级公安机关和人民警察依法办事,还要破除旧思想,确立新理念

当前有些公安机关出现有法不依、执法不严的问题,究其原因,是有关民警对法律法规、条令条例不熟悉,依法办事的意识淡薄。要使依法办事真正成为公安民警的自觉行动,必须破除旧思想,确立新理念。

1. 破除"领导满意就是工作做好了"的思想,确立以法规为准绳来衡量工作绩效的理念

有的民警衡量工作得失,往往不是看是否合乎法规要求,而是看领导满意不满意,工作是否得到领导的认可、表扬。一些领导评价下级的工作,往往也是看对自己的指示落实得如何,很少拿法规制度来衡量。不否认,领导干部下指示、作决策,也是为了把事情办好,但受个人认识的局限,并不是所有的决策、指示都与法规相符。因此,如果说做工作应当力求让上级满意的话,那么这种满意必须是建立在依法办事的前提之下,而不是离开法规去一味追求领导满意。

2. 破除"规规矩矩难办事"的思想,确立按程序办事才是正道的理念

照章办事是做任何工作都应遵循的准则,但有些民警却认为,一些地方社会风气不好,规规矩矩难办成事。不按规矩办事的现象的确存在,但毕竟是少数,即使遇到这种情况也可以据理力争,同时自己自觉做到依法办事。如果每个单位和部门都这样,歪门邪道就没有市场。有的民警往往是别人不按法规办事,自己也跟着不按法规办事,这样势必造成互相掣肘,形成恶性循环。

3. 破除"按法规制度办事得罪人"的思想,确立法大于情的理念

有些领导和机关干部"老好人"思想严重,对一些明知与规定相违背的行为,也不加以制止,甚至想方设法予以照顾。领导和机关干部手中掌握着一定的权力,利用私人关系找上门来办事的少不了;但"法出于仁,成于义",坚持依法办事就不能怕得罪人。如果大家都依法办事,也就不存在得罪人的问题。在法治社会里,人和人之间的关系首先应建立在合理合法的基础上。"官不私亲,法不遗爱。"这样建立起来的"情"才是靠得住的。反之,视人情大于法规,只能是看似有

情却无情,最终在危害事业的同时也害了自己。

微视频:《习近平讲述的故事|人情大不过法律》

(来源:新华社)

四、强化执法纪律

(一)尊重人民群众

公安执法过程中尊重人民群众就是要牢记为人民服务的宗旨。服务人民是立警之本,服务人民明确地回答了公安机关执法是"为谁服务"的问题。公安机关应在服务人民的要求下转变思想,树立公仆意识。人民群众对生命财产安全的需求是最基本的需求,公安机关执法的目的就是为了维护国家的公共秩序和人民生命财产安全,打击犯罪、预防违法等其他任务的最终目的也都是为了增强人民群众的获得感和安全感。公安机关行使执法权的主要内容之一就是维护国家社会秩序,保障公民人身安全。这就更加要求公安院校学生要树立以人为本的执法理念,尊重和保障人权,在以后的执法活动中处理好维稳和维权的关系,认真倾听人民群众对自身权益的合理需求与合法诉求。

(二)秉公执法

秉公执法就是公安机关在执法过程中,无论是实体上还是程序上,都要以法律为依据,秉持公平正义处理事务,做到执法公正。执法公正是从警之基,法律的生命在于实施,公正是法治的生命线,执法公正更是公安执法的生命线。公安机关往往处在执法的第一线,直接接触和服务人民群众,是将法律运用到实践中的执行者,所做工作都关系到群众的切实利益,更体现着党和国家的权威和公信力,展现着服务型政府的建设和法治中国的建设。公安院校学生要做到公正执法,就要具备坚决维护社会公平正义的意识和理念,恪守公平正义执法的职业操守与职业道德,把严格规范公正执法真正落到实处,落到细微之处,用在个案中的明辨是非,让人民群众在每一个案件的处理中都能感受到公平正义,从而做到尊法、守法、护法。

(三) 纪律严明

纪律严明是治警之要。无论是执法态度、执法方式，还是执法中警容风纪的要求，都是公安机关对于纪律的严格把控。从严治警是公安队伍治理的方针。习近平总书记强调要着力锤炼具有"四个铁一般"的公安队伍，社会主义国家的人民警察就要有克己奉公、无私奉献的良好形象。严明的纪律是对党忠诚、服务人民、执法公正这三项要求的推动剂，是履行好新时代党和人民交给公安机关各项工作的重要保证。公安院校学生在以后的从警过程中要做到严管亲属朋友和身边人员，保证干干净净、清清白白，以保证每一名人民群众都能感受到公安机关的公正与公信。

五、提高法律素养，自觉接受监督

法治公安建设对人民警察法律素质的要求越来越高。有关法律法规明确规定法制教育是警察教育事业的重要组成部分。警察法律素质问题也一直是警学教育、警学研究和警察执法关注的重要理论问题。如以上海国际大都市为例，上海市公安机关在法治公安建设的大背景下，向素质要警力，包括向法律素质要警力早已在警界达成共识，警察法律素质与警察执法水平、执法质量的关系也是不必争议的问题。现代警察的基本法律素质，是现代法治社会对警察的基本法律能力要求，是现代警察依法行使警察职权和履行警察职责需要具备的基本法律知识条件和潜能。依法行政、严格执法，是以现代警察具有基本法律素养为前提的。只有努力培育现代警察的基本法律素质，才能普遍地提高公安机关的业务素质和战斗力，才能使人民警察队伍建设与现代法治社会的要求、进展相适应。可以说，在治安形势日益严峻、执法要求越来越高的当今社会，提高现有警察的基本法律素质已比增加警察的数量更重要。

党的十九届三中全会再次吹响依法治国集结号，必将对建设社会主义法治国家产生全局性、基础性和长远性的影响。然而，一个不容忽视的问题是，一些公安民警对"依法治国"和"法律至上"的重要性认识不足，历史上形成的"特权观念""以言代法""权大于法"等思维和作风，导致以权压法、徇私枉法依然存在，也成为腐败蔓延的重要原因。由此可见，仅有知识是远远不够的，还要努力提高素质和境界。因此，作为依法执政的主体，各级公安机关和人民警察必须真正尊崇并带头遵守宪法和法律，不断提高法律素养，弘扬法治精神。

（一）加强法律学习，树立法治意识

党的十八届四中全会指出，"坚持把领导干部带头学法、模范守法作为树立法治意识的关键"。党的十九大报告也指出各级党组织和全体党员要带头尊法学法守法用法。现实中民警学法的力度还有待增强，学习的主动性还可以再提高，少数民警仍停留在"要我学"阶段，还没有进入主观意志支配下的"我要学"阶段。少数领导干部由于公务繁重而放松了对法律的学习，这种把学习与工作对立起来的认识其实是一种误解。俗话说："磨刀不误砍柴工。"学习法律知识，不仅不会耽误工作，恰恰相反，领导干部掌握了法律知识，提高了法律素质，就会使自己依法决策、依法行政、依法管理的能力得到相应提高，使日常领导和管理工作更加举重若轻，得心应手。除了参加集体学习和法律培训以外，要更加注重自学。根据自己工作所需从书籍报刊、广播电视、网络以及各种新媒体上进行法律知识的学习。领导干部要通过各种方式的学习教育，牢固树立宪法和法律至上的观念，法大于权的观念，依法决策、依法行政、依法管理、依法办事的观念，权力必须受到制约的观念，真正把法治内化于心、外践于行，成为社会主义法治的忠实崇尚者、自觉遵守者和坚定捍卫者；逐步实现由增强法律意识向提高法律素养转变，由注重行政手段向注重法律手段转变；逐步做到"研究问题先学法，决策问题遵循法，解决问题依据法，言论行动符合法"，在法治实践中提高依法办事的能力和水平。

> 微链接
>
> 政者，正也。子帅以正，孰敢不正？
>
> ——《论语·颜渊》

正人必先正己，正己才能正人。各级公安机关领导干部和民警对法定职责范围内的事情，要尽职尽责，依法积极做好；对法定职责范围以外的事情，要如履薄冰，三思而行，既要反对不作为，更要反对乱作为。比如在作重大决策时，要把公众参与、专家论证、风险评估、合法性审查、集体讨论决定确定为法定程序，确保决策程序正当、过程公开、责任明确。尤其是出现了重大纠纷，更要学会面对面地与公众交流，要站在群众的利益立场充分考虑问题，让法律尽早介入，以期透明公开、公正有效地解决问题。

（二）认真对待监督，正确使用权力

从很大程度上而言，衡量领导干部法律素养水平的基本标准是如何对待监督。领导干部法律素养的要害在于自觉接受法律监督以及依据法律规定产生的专门监督、政党监督、公民监督、社会监督等,以外在监督促进内在遵守法律精神、自觉践行社会主义法治。当前,在贯彻落实中央八项规定中,各级公安纪检监察机关要进一步提高对各级领导干部有效监督的能力,拓宽监督的思路和渠道,切实履行监督的职责,不断探索发挥国家权力机关监督、社会民主监督和新闻舆论监督作用的有效形式和途径,切实改变监督不到位和监督乏力的问题。2018年3月11日,第十三届全国人民代表大会第一次会议表决通过,设立中华人民共和国国家监察委员会作为最高监察机关,极大地增强了监督执纪的力度和水平。每一个人民警察都要牢固树立有权必有责、用权受监督、违法受追究的理念,做到认真对待监督、正确对待权力、谨慎使用权力、不敢滥用权力。

坚持德法结合,提高从警境界。社会实践表明,道德是法律的原动力,也是法律的润滑剂。法治社会的实现,离不开道德功能的发挥。林肯有言:"道德是隐藏的法律,法律是显露的道德。"《汉书·贾谊传》说过:"礼者,禁于将然之前;而法者,禁于已然之后。"礼法结合,德刑并举,是中国传统社会治理智慧的集中体现。在依法治国的同时坚持以德治国,发挥好道德的教化作用,以道德滋养法治精神,强化道德对法治文化的支撑作用,两者是一个紧密结合的整体,缺一不可。一个社会的道德水平越高、自律意识越强,法律也就越易施行。我们应当加强道德和人心教化,启迪人性的良善和互利,既要把诚实守信等道德要求法律化,又要把外在的法律责任内化为人民警察的道德自觉,大力培养既有法治信仰又有高尚道德情操、既接受他律又能够自律的现代警察群体。对于党员领导干部来说,更要自觉践行社会主义核心价值体系,始终不渝地坚守道德和法律底线,并在此基础上不断提升人生品位和从警境界,提高干事创业和服务社会的能力。这是做人的基本准则,更是每个共产党员必须牢记和认真履行的人生准则。

> **微链接**
>
> 法者,所以兴功惧暴也;律者,所以定分止争也;令者,所以令人知事也。
>
> ——《管子·七臣七主》

古人讲:"畏法度者最快乐。""畏法度"就是敬畏法律而本分守法,熟知法律并依法办事,畏惧法律而不越雷池。只有心存怕念,才会不敢马虎懈怠、恣意妄为,才会检点自己、管住自己。知道畏惧法度的,做人规矩、行事谨慎,看似不自在,其实活得自由、活得快乐、活得洒脱。否则,一个无知无畏的人民警察是非观念混淆、法纪观念淡薄,必然触犯底线,陷入犯罪的泥沼,最后完全失去自由。

❋ 案例回放——忠诚·警察故事

曹 清 卿
——执法流水线上的"破案工程师"

谈起曹清卿,同事都亲切地叫他"曹工"。对于这个叫法的由来,很多人却说不清楚。

体态偏瘦、说话轻柔,见人总是笑呵呵,看外貌,曹清卿的确像是文质彬彬的工程师。翻开他的工作成绩单,你会发现,曹清卿绝对可以称为执法流水线上的"破案工程师"。

曹清卿是江苏省苏州市公安局高新区分局枫桥派出所执法办案中队中队长,从警以来,累计破获各类刑事案件1200余起,抓获犯罪嫌疑人1000余名,帮助群众挽回直接经济损失500余万元,多次立功受奖。

"曹工真的很厉害,他能从别人想不到的地方发现线索。"枫桥派出所内勤民警李若溪说。

2017年,一直从事刑侦工作、专破大要案的曹清卿被选调至枫桥派出所,成为执法办案中队的中队长。

盗窃、诈骗等民生类案件高发,是枫桥派出所辖区案件的主要特点。这些案件普遍案值不大,个案很有可能无法立案处理。但群众利益无小事。

枫桥派出所接到多起摸奖被骗警情。嫌疑人以免费摸奖并赠送礼品的方式,诱骗受害人以高价购买劣质奖品。

由于嫌疑人为流窜作案,成员联系也较为松散,很多受害人或碍于面子,或没有意识到被骗,大多数没有报案。曹清卿从海量的联系话单、收付款记录中发现了端倪。"有一笔疑似被骗资金进入某账户后,又在短时间内流向多个账户,这很有可能是嫌疑人在分赃。"曹清卿通过这一细微发现,一举摸清了这个诈骗团伙的组织架构,先后抓获9名犯罪嫌疑人,最终通过串并案,破获涉及省内多地的30余起案件。

能从千头万绪中找出破案关键线索,有人说曹清卿简直有双"火眼金睛"。但同事都知道,这有赖于他扎实的业务能力、丰富的工作经验以及对破案的执着信念。

在曹清卿的办公桌上,摆满了业务书籍,笔记本上记满了破案心得。一个个成功案例的积累,让他总结出"钉、勤、细、融"破案法。钉,就是破案要有钉钉子的钻劲;勤,就是勤思考、勤查证;细,就是不放过任何一个可疑点;融,就是将碎片化的信息融会贯通,形成破案突破点。

(资料来源:邹巍,《人民公安报》2019年6月24日)

点评:"曹工"业务能力强,虽是民生小案,但他在多起案件中起了重要作用。多年的执法办案,练就了其扎实的业务能力,靠的是什么呢?可以总结出很多条,但其中重要一条就是对法律的忠诚。攻坚克难、潜心钻研,以事实为依据,以法律为准绳,是执法办案的底线和基本良知。法治国家、法治社会建设,需要无数个像"曹工"这样的无名小辈去推进、去落实、去实现。他是一名人民警察、一名法律的执行者,可以说,忠诚于法律,他不仅是我们的老师,也是我们的榜样,他身体力行地教会我们严谨求实的工作态度和科学高效的工作方法。

【思考与实践】

1. 请简述人民警察忠于法律的主要内容。
2. 观看电影《烈日灼心》,并围绕忠于法律这一主题撰写观后感。
3. 结合安保实习经历、案例,分组讨论:人民警察在执法过程中如何才能做到政治效果、法律效果和社会效果的统一?

第六章 忠于职业:培育尽职、奉献的敬业精神

人民警察忠于党、忠于国家、忠于人民、忠于法律,最终都要体现在职业行为中。因此,公安机关人民警察必须要有高度的职业忠诚,要有高度的职业认同感、精益求精的职业态度、强烈的献身精神。对于人民警察这个特殊而又光荣的职业来说,讲忠诚,不只是职业底线,更是职责所在。一个合格的人民警察必须忠于职业。

你为什么选择当一名人民警察?你对人民警察职业的认同度高吗?怎样才能做到人民警察的职业忠诚?

【学习目标】
通过学习,理解和把握人民警察的性质,牢记人民警察的职责,保持职业忠诚,从而在具体的工作岗位上尽职尽责、爱岗敬业。

【学习重点】
掌握和理解公安机关人民警察职业忠诚的社会价值,理解人民警察职业忠诚的内涵和作用。

【学习难点】
理解人民警察忠于职业的特色方法,提高人民警察忠于职守、尽职尽责的积极性、自觉性和主动性。

第一节 忠于职业的内在意蕴

一、人民警察忠于职业有着深厚的社会历史传统和重要的现实意义

作为国家重要的治安行政和刑事司法力量、党的"刀把子"、人民的忠诚卫

士、公平正义的维护者，人民警察忠于职业具有特殊的内在意涵。

忠于职业源于人民公安的光荣传统。人民警察队伍是一支有着光荣传统和优良作风的队伍，也是和平年代牺牲最多、奉献最大的队伍。长期以来，在党的领导下，我国人民警察牢记宗旨使命，忠诚履行职责，勇于担当作为，为捍卫政治安全、维护社会安定、保障人民安宁筑起了一道坚不可摧的铜墙铁壁。革命战争年代，人民警察用热血保卫了红色政权的诞生；和平年代，人民警察冲锋在打击犯罪前线、奋战在重大安保任务现场、奉献在服务人民的平凡岗位上；进入新时代，人民警察对党忠诚、服务人民、执法公正、纪律严明，为中华民族伟大复兴提供了坚强的保障。实践证明，人民警察是一支党和人民完全可以信赖的有坚强战斗力的忠诚之师。人民警察忠于职业是一辈辈公安人代代传承的红色基因和光荣传统。

忠于职业源于对公安事业的深刻认知。公安机关是国家机器正常运转的重要部件，肩负着预防、制止和侦查违法犯罪活动，维护社会治安秩序等重要职责，是人民群众生命财产安全的守护神。公安事业代表着法律、正义和尊严，可谓使命光荣，责任重大。在和平年代，这份事业显得更神圣、更光荣、更自豪，因为社会的稳定需要人民警察维护，法律的正义需要人民警察伸张，人民的安危需要人民警察护佑。正是这样一份神圣的事业吸引了无数人选择当一名光荣的人民警察。当然，他们在选择荣光的同时，也选择了责任，选择了奉献，选择了牺牲。为了事业，人民警察付出辛勤劳动，用汗水、鲜血乃至生命铸就了金色盾牌。共和国的旗帜上写下了人民警察对党、对祖国、对人民的赤胆忠诚和真诚爱民、无私奉献的铮铮誓言。

忠于职业源于人民警察对实现个人价值与为中华民族伟大复兴贡献力量的一致性认识。人民警察的忠于职业不仅是一种外在客观要求，更应上升为内在的精神追求。而这种内在精神追求的一个强大动力，就是做一个有责任、有担当的社会个体，以奉献社会为己任，在创造自我价值的同时创造社会价值，在实现社会价值的同时实现自我价值。选择人民警察事业，以社会责任为己任，以维护社会安全稳定为主责，为个人价值的实现提供了广阔天地。

二、人民警察职业忠诚面临的挑战

由于现实社会多元化的发展，在公共安全领域面临着易发多发、因素突出、复杂多变、风险加剧等社会安全问题。其主要表现在：人们价值观的多元化，客观上增加了社会控制的难度；收入差距拉大产生的非正常利益需求取向，使社会心理出现失衡,产生了各种利益集团之间的冲突与矛盾,各阶层利益冲突加剧;大规模社会人口流动,产生的附带性社会治安问题;政府职能转换期内产生的社会调控能力弱化,影响了社会治安的调控和整治。而公共安全事件易发多发,群体性事件高发多发,集资诈骗、电信诈骗、网络诈骗等涉众性侵财案件时有发生;公共场所人员聚集引发的踩踏事件频发;火灾、道路交通等安全隐患大量增多等,这些都已成为严重影响人民群众安全感的突出问题。加之在信息化时代,公共网络媒体、自媒体非常发达。公共安全事件一旦发生,便会立即引起社会广泛关注,关心事态发展,关注政府处置。此外,"还不乏别有用心之徒通过各种媒体、媒介进行不真实报道或片面报道,混淆视听,扰乱公共秩序。对警察的职业能力、职业素养提出了极其严重的挑战"。其表现在:

(一)警察职业忠诚首先面临一种被称为"利益论"的挑战

所谓"利益论"的挑战,主要是指目前以维护社会安定为己任的警察,在制定自己职业规划的时候,有一些人将目光投向市场上各类利益的交易量、交易价格,带有越来越明显的用职业开展利益交换的倾

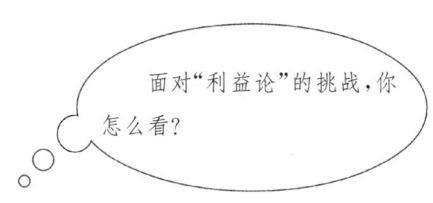

向。而西方学者提出的理性忠诚观认为,"理性忠诚的对象是忠诚组织中明晰的使命、目标、价值观和行为准则"。显然,在一种被称为"利益论"的挑战面前,忠诚的理性意义已经悄然消失。

(二)警察职业忠诚其次会面临的挑战是工作的重复和单调所产生的"职业倦怠"

在长期重复和单调的工作中,警察发现自己的信仰与社会的价值观念之间的鸿沟越来越大。而且事实上,警察的成功在很大程度上取决于对以"绩效"为标准的管理文化的接受和归顺。现行一般的政治、价值的理性教育,又没有及时回答具体现实的问题,于是理想信念、职业忠诚成了虚无缥缈或纸上谈兵的东西,造成警察职业忠诚的匮乏。

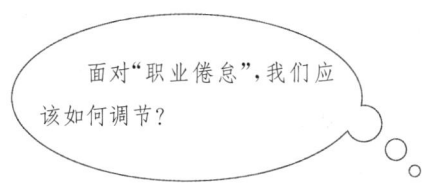

可见,以警察职业忠诚为基础的忠诚教育,必须超越以往的单纯说教式的教育,或是仅仅停留在公安院校学生的个人层面,而必须将社会层面包括在内,结合工作过程,围绕工作目标和社会价值,开展警察

职业忠诚认知、忠诚情感、忠诚行为的教育。这样，警察职业忠诚教育还不同于一般的职业技能的培养，而必须培养在完成工作的过程中的敏锐意识，把握社会发展的趋势和职业特性方向的专门技能，完善以专业知识和技能为支撑，专注于警察职业素养的综合教育。

三、人民警察职业忠诚是社会角色使然

警察职业忠诚与否，直接关系到公安事业的成败和公安机关政治责任、社会责任的落实。这是因为警察的社会角色关系，即警察与社会双方间存在的一种长期互助关系，决定了该职业对从业者提出较高的职业忠诚要求，必须牺牲和付出。

（一）警察社会角色的特性规定

> ◎ 微链接 ◎
>
> 居天下之广居，立天下之正位，行天下之大道。得志，与民由之；不得志，独行其道。富贵不能淫，贫贱不能移，威武不能屈，此之谓大丈夫。
>
> ——孟子

无论是将警察的理想社会角色确定为对主流社会观念的维护者、社会正义的表现者和安全倡导者、以公正帮助大众走向美好生活的带头人，还是将具有社会责任感的警察的职业活动确定为责任、公平和正义的社会角色，社会都要求警察职业的从业者掌握充实的法律知识，具备专业能力和责任担当。因此，只有秉承职业忠诚，在社会治安管理和法律执行过程中履行自己的职业职责，贡献个人智力资源，才能表现出对自己岗位的忠诚情感，用行为实施对组织或者单位的忠诚。

（二）多元化社会发展的职责担当

当下，警察往往在适应社会越来越多样化需要的过程中，成为一个在大规模的、复杂的多维度组织中，负载着社会公共安全保卫、经济发展保障、社会正义维护的职责。警察欲履行这些现代职能，必须寄希望并依赖于每个警察专业化技能的不断提高，职业责任的坚守和职业奉献的态度，从而担当起打击犯罪、管理治安、保障民生、改善民生、促进社会和谐稳定的重任。因此，着力提升打击犯罪能力和水平，不能离开忠诚意识培养。因为，忠诚意识不仅关系到公安机关驾驭社会治安局面、维护社会稳定的能力和水平，更直接影响着人民群众的安全感和满意度。

第二节　忠于职业的内涵和作用

一、人民警察职业忠诚的含义

中国人自古以来就看重忠诚,认为忠孝是第一美德。《说文解字》中指出:"忠,敬也,从心。"《现代汉语词典》将忠诚解释为对国家、对人民、对他人的尽心尽力。从春秋战国时代"忠"的思想的出现,经孔孟儒学将忠视为道德建设的基石,至汉代将其视为一种政治伦理,一直到当今社会对于忠诚的应用扩展到了组织管理中。随着社会的变迁,忠诚的内涵与对象也随之发生了变化。

现代社会的发展是需要并离不开职业忠诚的。职业忠诚主要是指对于自己所从事职业的认真负责态度及愿意为此献身的精神。职业忠诚的高低,也就是忠诚度问题。因此,职业忠诚度,具体体现为继续从事该职业的意愿以及为此努力的程度。其构成要素有四个:

一是从业者的付出愿望;

二是从业者的参与程度,决定认同的程度;

三是从业者的自我牺牲,为职业目标可以在一定程度上或在一定时期内牺牲自身利益;

四是从业者与组织间的互惠。因为忠诚在构成要素层面看,是由认同、情感投入和义务感三个要素构成的,其中,认同是基础,情感投入是条件,义务感是核心。[①] 互惠的忠诚关系,可起到正向促进作用。

微视频:《这,就是人民警察》

(来源:新华网)

---

① 骆兰,李苑凌,刘滢.员工忠诚内涵及结构模型构建探讨[J].商场现代化,2006(32).

因此，忠诚的表现形式，首先是态度，这是基础；然后是在态度支配下的行为表现，两者互为表里。结合警察职业，人民警察职业忠诚，首先是由人民警察对公安机关的执法理念、管理制度和领导方式的认同，对公安事业的热爱，然后是在态度支配下，表现为为之努力工作的程度。其具体主要有以下几方面：

（一）职业忠诚是一种对事业的献身精神和忠诚意识

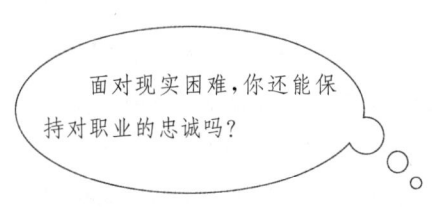

根据观察研究，公安院校学生对警察职业的忠诚，实际上是职前对将来所从事警察职业的一种态度，是认知、情感和行为的有机统一。其具体表现为：在思想意识上，与人民警察核心价值观和理念等保持一致；在情感上，对警察事业充满热情和喜爱；在行动上，为警察事业尽其所能地作出贡献。有关公安院校的调查显示：以职业忠诚的结构要素（忠诚认知、忠诚态度、忠诚行为）为向度，整理调查的结论是学生的忠诚情感得分较高，而忠诚认知和忠诚行为相对较低。这说明公安院校学生的职业忠诚度更多地源于较好的职业情感。但是从理性角度看，这种职业情感理想成分比较多，而如果没有建立在对人民警察职业的正确认知上，一旦面临现实困难，就无法将职业情感转化为实际的职业行动，从而影响职业忠诚度。所以，必须明确职业忠诚是包含了对事业的献身精神、忠诚意识和职业行为担当的多维内容。①

（二）职业忠诚是一种对事业执着追求的责任心和使命感

警察管理职责是警察在一定职业活动中所承担的特定的责任，它包含了警察应该做的工作以及应该承担的义务等。由于职业认识等因素，大学生在选择警察时，绝大部分带有一定的盲目性。如果从业警察的职业定位和职业观念出现模糊，职业的责任心和使命感就无从谈起。所以，必须明确职业忠诚是一种对事业执着追求的责任心和使命感的认知。

> 微链接
>
> 希望你们年轻的一代，也能像蜡烛为人照明那样，有一分热，发一分光，忠诚而踏实地为人类伟大的事业贡献自己的力量。
>
> ——[英]法拉第

---

① 皇甫静，王慧.基于理想信念教育的高职院校大学生职业忠诚培养模式探析[J].教育与职业，2012(6).

(三) 职业忠诚是一种认真的工作态度和工作作风

有职业忠诚度的警察就会深感职业和岗位只是分工的不同,并无高低贵贱之别。警察职业的工作态度和工作作风应该包含了奉献精神、学习能力、适应性和职业操守等方面。但是,尚未真正进入公安机关从事警察事业的学生,由于对将来所从事工作的不确定和不了解,加上对职业认知不清,核心价值观的内涵认识和把握不透,容易产生职业认知上的分歧,甚至错误,会直接导致行为上的差异。事实上,对警察职业认识正确的学生,往往能够做到爱岗敬业、忠于职守、清正廉洁和甘于奉献;而抱着错误职业观的学生,在进入公安队伍后,则往往表现出玩忽职守、损公肥私。所以,必须明确职业忠诚是一种认真的工作态度和工作作风的表现。

微视频:《马人俊:把心交给群众》

(来源:央视网)

(四) 职业忠诚是一种精益求精的职业品质和刻苦钻研的精神

警察职业忠诚教育不是一般的道德宣教,它必须落实到具体的警务职业活动中,落实到对所从事的岗位职业和专业技能技术的钻研和精通上。即对公安事业发展来说,警察将职业忠诚与岗位忠诚相统一是关键。因为警务岗位忠诚是警察职业忠诚的前提,没有警务岗位忠诚的警察职业忠诚是"愚忠"。只有具备较强的职业情感,配套较强的岗位专业知识与专业技能,才能谈得上热爱警察这个职业,忠诚于警察职业。所以,警察职业忠诚是一种精益求精的职业品质和刻苦钻研的精神,而专业教育必须与素养教育、职业忠诚教育协同培养。

(五) 职业忠诚是一种对铁纪硬规时刻坚守的执着

纪律严明、作风过硬是公安队伍的优良传统,也是新时代坚持从严治警方针,加强公安队伍革命化、正规化、专业化、职业化建设的重要保证。警察职业忠诚需要始终坚持纪律严明这一治警之要。只有纪律严明才能作风过硬,从严治警永远在路上。从近年来各级公安机关通报的问题来看,内部腐败问题时有发生、违反党纪国法、警纪条规的问题时有发生,"四风"问题时有发生。为此,要认真贯彻落实党中央关于全面从严管党治警的要求,结合公安实际,持续用铁的纪律来约束言行,自觉做到守纪律、讲规矩,倡廉洁、树正气,守底线、不言败。

总而言之,警察职业忠诚的最基本的内涵,就是对警察职业的神圣感、对警务工作的敬畏心和对警察责任的本分心,是一种根植于警察内心的忠诚信念,是通过警察具体工作实践,积累与确立的意识和高度自觉,是融入每个警察的思维方式、行为方式和生活方式的自觉常态。

二、人民警察职业忠诚的意义

明确了忠诚意识的内涵价值,又通过具体警察的自觉选择,才能呈现职业忠诚的作用。

(一)有利于警察职业能力的全面提高

警察职业忠诚是一个内容广泛的系统,既要有一系列忠诚认知、忠诚情感,也要有相应配套的忠诚行为。只有忠诚认知、责任奉献情感与发自内心的忠诚行为相互统一、相互促进,警察职业素养能力才能全面提高。

(二)有利于为公安工作提供动力

在警察职业忠诚培养中,公安院校学生如果明确了职业忠诚的内涵,切实遵守忠诚约定的行为规则,在打击犯罪、管理治安和服务社会等方面就能切实依忠诚认知而为,充分展现职业素养,促使警务工作效能得到良好体现。

(三)有利于促进警察忠诚意识的养成

警察的忠诚素养程度如何,在一定意义上取决于忠诚教育的培育程度。只有当学生树立起崇尚职业、敬畏法律、服务人民、热爱国家的精神时,才可能自觉地接受忠诚奉献,才能承担起警察的职责担当。从这个意义上说,职业忠诚精神培育得好,警察职责才能完满担当,才能体现公安的专业职能。

(四)有利于持续强化工作纪律

党和国家一直坚持全面从严治警,坚持严在平时、管在日常,使全体人民警察真正养成知敬畏、存戒惧、守底线的高度自觉。人民警察只有做到了忠于职业,才能在日常的工作生活中,自觉把工作纪律挺在前面,自觉学习并遵守公安机关人民警察纪律条令等铁纪硬规,自觉对标各项纪律条令,约束自己的行为,真正做到"纪律严明"。

第三节　培育人民警察忠于职业的特色方法

一、开展以"忠诚警魂"为主要内容的学习与培训

理想信念意识和诚信教育有时无法通过书本传授达到效果,因为理想信念意识和诚信教育是一种无形的力量,一种潜移默化的影响,往往是在生活中、学习中由内心而自然形成的。公安院校学生要提升职业忠诚度,就需要在各个环节贯穿职业忠诚的信念教育。

（一）在学习过程中主动认知职业忠诚

警察的忠诚素养结构具有多维性、权变性等特点。忠诚度的相关研究理论认为,影响忠诚的因素既有个性特质、教育程度等员工个人因素,也有组织文化类型、管理特点、组织公平、组织信任等组织因素。只有从教育、职业文化角度进行忠诚认知、忠诚情感和忠诚行为的输入,才能完善忠诚的职业意识,提升忠诚度。当下以通识教育与职业专业教育相结合的新型职业教育人才培养模式,给公安院校围绕学生的忠诚度开展的专业教育模式提出了新的课题。因为一方面,社会对警察职业技能和专业素质要求日趋提高;另一方面,提升职业素养不等同于"技能培养",如果只是教育和赋予"岗位能力",是不能养成职业素养和职业忠诚度的。解决的思路有以下两点。

1. 主动深化对人民警察职业的理解和认知

警察职业教育是按照警务岗位人才需求,确定培养目标以及相应的素质标准,配套相应的专业教学计划、教材教纲和考核标准,系统而有步骤、有计划地进行教育教学,并将忠诚教育潜移默化地贯穿其中。

在此过程中,我们必须清晰地认识到:对于公安院校学生来说,坚定的政治信仰、政治立场,以及忠诚的职业素养,是决定我们能否成为一名合格人民警察的关键,是决定我们能否做到"对党忠诚、服务人民、执法公正、纪律严明"的关键,并直接影响到警务技能水平以及工作水平。因此,首先必须在思想上行动上与党中央保持一致,坚持马克思主义政治观点,抵制各种错误思潮倾向。其次,努力学习各种警务技能技术,认识自身选择职业所必需的素养要求,认同与人民警察职业匹配的忠诚意识、职业素养和专业能力。通过系统地理论学习、实践体

验、互动交流、仪式教育等,构建起内心对于人民警察忠诚的认知、情感并外化成行为,真正实现公安院校学生到人民警察的转变。

2. 循序渐进培养对人民警察职业的忠诚

第一阶段,通过封闭式军训、新生入学教育、公安类通识课程以及具有公安院校特色的思想政治理论课学习等,从感性上消除错误认知,认识警察职业目标、专业方向,使自己的职业认识逐渐由模糊到清晰,由感性到理性。第二阶段,通过具体的实训项目和警务活动,提升警察必备的职业素质。实训项目要包括警务人际交往、警察诚信意识、责任担当和职业行为实施等。第三阶段,主要通过警务实习,进行准职业体验,进一步积累警察职业所包含的专业态度、专业知识和职业技能在内的职业素养、职业能力。

(二)在实战实习中体验感悟职业忠诚

警察职业忠诚包含的对象,一是对组织的忠诚,二是对警察的使命、目标、价值观和行为准则的忠诚。这既表现在态度上,也表现在行为上,而忠诚的态度和行为有较为明显的区别,两者不能画等号。为了养成忠诚素养,公安院校通常会有规划、有目的地把学生放到匹配的岗位进行职业感受和职业体验。公安院校学生要把握好这一难得的机会,在真实的社会化、专业化的环境下,通过短期的职业体验和职业感受,了解警务职位应具备的职业忠诚度、职业技能和职业素质,从而将警察职业态度和警务专业行为进行无缝衔接,更加全面深入地认识职业忠诚在警察职业生涯中的重要性,逐渐完成学生由校园到社会、由预备警官到人民警察的过渡。

(三)在实现个人价值过程中坚定职业忠诚

当前公安院校学生由于受到社会各方面因素影响,在个人特质、心理需求、价值观念及工作方式等方面有着诸多的特殊性。

一是具有较高的个人素质。现代大众教育的实施,公安院校学生一般都有较强的学习能力,掌握一定的专业知识和技能,拥有开阔的视野。

二是具有较高的需求层次。公安院校学生往往更注重自身价值的实现,喜欢具有挑战性的任务,愿意展现个人才智,实现自我价值。

三是高度重视成就激励和精神激励。公安院校学生既需要物质奖励、晋升等传统激励手段,也需要成就激励和精神激励。

四是具有很高的自主性。公安院校学生依靠自身占有的专业知识,运用头脑进行自主性思维,并不断形成新的知识成果。

正是现代型警察学生的上述特征,决定了公安院校学生更多地忠诚于自己的职业,而不是忠诚自己所在的岗位。因为他们有能力接受新工作、新任务的挑战,拥有远远高于传统警察的职业选择权。在职业发展中,一旦有足够的吸引力,或有充分的个人成长机会和发展空间,他们会很容易地转向其他岗位,寻求新的成长机会,从而更刺激了个体需要。所以只有养成忠诚认知、忠诚情感和忠诚行为,才是警察职业能力的基础和关键。

职业忠诚与人民警察个体价值实现相辅相成。实现忠诚职业,体现个体价值的目标,需要公安院校学生既有忠诚职业的意识,又能够让学生体现个体价值,从而应然性地担当起警察的角色。而所谓忠诚职

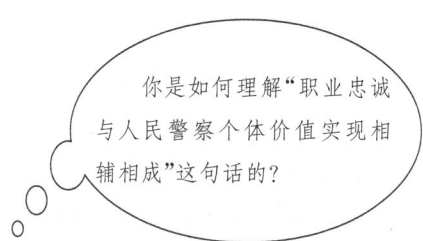

你是如何理解"职业忠诚与人民警察个体价值实现相辅相成"这句话的?

业,是要通过忠诚实践,即在以职业忠诚为基础的理论框架下,在忠诚意识指导下,在社会广泛赞同的条件下,经历警察职业生涯发展中的问题后,通过解决警察职业生涯发展中出现的问题,理解恪尽忠诚与责任的含义,坚守并实施忠诚行为,应用警察专业知识和技能,高质量地完成各项工作任务,从而在社会找到警察职业价值,展现职业忠诚风姿,真正避免职业忠诚情感与职业忠诚认知、忠诚行为的分离,完善与强化职业意识,提升职业忠诚度。

二、构建人民警察职业忠诚的多元方法

(一) 以"忠诚承诺"为核心牵引

忠诚的关键是学生自觉承担忠诚承诺,而忠诚承诺又是多维度的承诺,主要包括感情承诺、规范承诺、理想承诺、经济承诺、机会承诺、价值承诺和努力承诺等方面。公安院校学生学习的目标是要完成:

1. 感情承诺

感情承诺主要表现为对岗位的认同。所谓岗位认同,首先是对要承担的岗位工作职责的感情,愿意为岗位的职责和发展作出奉献,在任何诱惑下都会坚守岗位职责,甚至不计报酬;其次是能够为公安机关心甘情愿地付出心力,在感情上有依附。感情依附是随着时间不断积累而加深的,即日久才能生情。有高情感承诺,就有较大的工作动力,并且职责担当明确,业务能力突出,职业忠诚度高。

2. 继续承诺

继续承诺是指对离开组织所带来的损失的认知,是为了不失去多年投入所换来的待遇而选择留在组织内的一种承诺。继续承诺的实现,与对自己职业工作的规划密切相关。忠诚观的培育要包含对职业工作的规划设计,认识职业生涯发展设计的价值,并根据自身特点,自觉、分阶段设立职业发展目标,行为上为之不断持续努力,从而形成继续承诺的忠诚需求。

3. 规范承诺

规范承诺主要表现为:对职业的态度、职业专业行为均能以社会规范、职业道德为准则;对组织有责任感;对工作、对岗位尽自己应尽的责任和义务。能认识到人民警察所从事的工作是正义且有社会价值的,就会按照警察职业道德规范行事,这样培养的忠诚度就有很好的基础。具有较强规范承诺意愿的人,"渴望"规范工作,这样就能够培养规范承诺的忠诚坚守。

(二)以"忠诚警魂"培育为抓手

从公安院校专业课程设置来说,大都以能力为导向,突出专业技能训练的同时,注重忠诚警魂的培育。即以忠诚作为教学管理的主线,通过将忠诚教育贯通到各门课程中,以最大限度激发学生的个体忠诚潜能。

从公安院校学生角度来说,我们需要认识到:人是社会的人,人天生就是勤奋的,是敢于承担责任的;同时又是可以自我激励、具有巨大创造潜能的。作为预备警官,要根据忠诚承诺的各项要素,认识自己的行为是受之于社会需求的,生活在特定社会关系中的人受社会规则制约,人的理性和情感都要遵照需求与规则之间的相互关系。在此基础上,进一步遵循职业忠诚承诺的各项规范原则,明确警察职业生涯发展和学生个人价值的实现,必须是要以坚守职业忠诚的品质和操守为底线。

(三)以"岗位忠诚度"为核心

公安院校学生的职业忠诚,是促进其职业生涯迈向持续发展的德行根基与价值性力量源泉,它是集警察的职业品质、职业操守、职业认同感、归属感以及个人的价值感等几个方面的统一体。要以岗位工作为主线,以工作问题为起点,遵循职业能力和忠诚承诺的培养规律,提高工作岗位忠诚度。公安院校的学生,必须深刻认识到这一点,才能在进行警务专业技能学习的同时,突出忠诚认知、忠诚情感和忠诚行为的培养,并将忠诚承诺与职业能力应用融会贯通,从而实现培养职业忠诚度的目标。

三、培育人民警察职业忠诚的行为能力

与传统教育体系中的高校人才培养模式不同,公安院校是行业办学特征十分显著的高校,特别是在政治标准上要求更高,并且又十分讲求实战化,人才培养任务特别艰巨,需要学校与警务单位合作培养。培养过程通过影响学生忠诚因素(社会环境因素、工作性质因素、专业认识度因素、拟任岗位的政策因素以及学生个体因素五个方面)分析,围绕如何提升公安院校学生的职业忠诚意识,立足警务人才培养的全过程,充分整合学校与实战岗位的有形资源与无形资源,开展职业忠诚意识的综合实训。实训包括以下三类。

(一) 开展警务基本技能的单项目工作实训

单项目工作实训,是一种以学生为主体、以单项工作技能培养为核心,在仿真或真实社会环境中,通过基于警务岗位工作过程的单项目设计为实训形式,开展融具体单项目包含的态度、技能、知识为一体的实景训练。如根据总体部署,开展道路交通违法行为的大整治行动。通过几个月的工作实训,学生体会了工作强度、环境和经验等工作要素特质,锻炼和体现了"特别能吃苦、特别守纪律、特别有精神、特别会服务"的工作精神和态度,领会和培养了纠正交通违法行为、疏导交通和响应市民求助等工作知识和工作技能。

(二) 开展社会环境下的警务真实项目实训

社会环境下的警务真实项目实训,是警务类专业人才忠诚度培养的主要教学组织形式和技能训练的具体实施方式,主要是以真实社会环境为背景,以工作过程的真实任务为引导,实施技能训练、忠诚度养成、管理规范和职业能力评价等,使学生养成与警务工作需求协调的警察基本素养。比如同实训基地或警务工作室合作,开设培训班或培训项目,按照警务工作要求共同培养符合警务工作需要的、有较高忠诚度的警务专业人才。

(三) 开展真实环境下的顶岗实践

顶岗实践,就是学生以独立的个体,自主承担和完成警务岗位工作。警务真实环境强化了学校警务人才教育培养的质量意识,更加注重学生警务岗位忠诚度和警务职业应用能力的培养意识,提升毕业学生的警务专业素养和职业忠诚度。只有这样,才能得到实战部门的认可。同时,顶岗实践也使实战单位对警务职业教育有了更深的了解和信任,主动关注学生的职业成长培训。

上海公安学院大学生参加各类安保活动

总之,开展面向公安院校学生的综合实训,可以实现公安院校学生在准职场环境或真实环境下,通过亲身体验警务实战要求,通过真刀真枪的警务工作的(模拟)顶岗训练,实现后端教育与前端教育的有机整合。

因为提升学生职业忠诚度,仅仅靠基本的素养教育是远远不够的。首先,必须认识到专业教育是警务技能人才培养的重心,警务技能人才只有具备较强的专业知识与专业技能,专业教育必须与素养教育协同并进,才能谈得上热爱这个专业,忠诚警务岗位。其次,综合实训可以改变公安院校教育和警务人才需求之间的脱节,弥补警校毕业学生素养与警务实战需要之间的教育短板,提升警务专业人才的忠诚度和职业能力,把学生从学习型、被动型人才转化为应用型、忠诚型人才。再次,综合实训改变传统忠诚教育以教师为中心的灌输传授型的单一性,真正实现以公安院校学生为主体的、以职业环境为背景的、实现主动对话和互动式的忠诚度教学与应用,使公安院校学生忠诚教育更加完善。

案例回放——忠诚·警察故事

钱 海 军
——以警心演绎初心，用生命诠释使命

"胸有点闷，等我缓一缓再研究工作。"2020年5月10日，是上海市扫黑除恶专案侦办的第330天。当天下午，在紧张进行的专案研究会上，上海市公安局刑侦总队副总队长钱海军突然手捂胸口，倒在了座位上，手中仍紧紧攥着案卷。当晚，经全力救治无效，钱海军的生命永远定格在了50岁。从警28年，钱海军累计指挥、参与、指导侦破各类刑事案件3100余起，抓获犯罪嫌疑人3万余名，其中不乏上海市第一起电信诈骗案、跨国（境）绑架案、"套路贷"案件等大案要案，给上海乃至全国同行提供了范本。

扫黑除恶的"先行者"

钱海军生前被战友亲切地称呼为"海总"。在他们看来，上海刑警"803"的格言"勇者无畏，智者无敌"正是钱海军的写照。上海市公安局刑侦总队三支队支队长陆炜曾与钱海军长期共事，并将他视为自己刑侦路上的领路人和导师。"不管多么复杂的案件，他总是迎难而上，把案子一点点啃下来，向社会传递什么叫作公平正义。"

2019年上海开始进行扫黑除恶专项斗争后，作为分管该项工作的总队领导，钱海军白天去专案组负责指挥工作，晚上逐字逐句地细审大量线索，连续3个多月吃住在单位里，每天忙到凌晨两三点。据统计，钱海军直接核发的扫黑除恶线索达4000多条，亲手签阅的材料达1.2万余份，可以装满一辆小货车。陆炜说："虽然很劳累，但第二天早上他总是精神焕发。我们明白，作为主心骨，他要带领大家把最难的案子啃下来，所以把最好的一面呈现给我们。"

打击犯罪的"领风者"

扫黑除恶专项斗争开展以来，公安部将"套路贷"犯罪列入重点打击范围。上海市公安局刑侦总队缉毒处徐天拯科长回忆，在2016年上海侦办全国首起"套路贷"案件时，钱海军看完笔录后，提出只盯着个别账户可能看不出问题，要把双方所有账户都查出来。"他指导我们，有些犯罪手段隐匿在常人想不到的地方。而被害人缺乏证据意识，到底是怎么上当受骗的，需要侦查员帮他们回忆总结。"后来，专案组从几万笔资金流水中追踪固定了犯罪证据，并在询问潜在被害人时发现了同样的"套路",最终将犯罪分子绳之以法。

此后,在钱海军的推动下,上海市公安局与上海市人民检察院、上海市高级人民法院共同出台工作意见,形成打击"套路贷"犯罪的"上海模式",被公安部在全国推广。目前,"套路贷"案件在上海几近绝迹,在全国也呈"断崖式"下降。

徐天拯说,钱海军生前经常给大家讲过去侦办各类案件时惊心动魄的经历和巧妙的办案思路,让大家感触很深。2010年1月,一对老夫妻在英国留学的儿子被当地黑帮绑架,赎金要价1000万元。经过公安部国际合作局授权,钱海军与英国警方直接建立联系,他白天指导家属通过电话与绑匪周旋;夜里与英国警方保持热线联系,对绑匪可能藏身的地方开展针对性排查。5天5夜后,绑匪暴露了藏匿地点,英国警方在西约克郡一幢荒废的别墅中成功解救出人质。此时离最后时限仅剩两小时,别墅后院甚至挖好了准备掩埋人质尸体的土坑。

此外,钱海军还曾破获上海首例外国公民在国外杀害中国公民案件;协调美国警方将在美杀夫碎尸后潜逃回国的凶手绳之以法;牵头破获上海第一起电信诈骗案,并提请公安部通过国际刑警组织发布我国第一份紫色预警通报……面对这些没有范本可参考的案件,他凭借长期以来对中外法律的钻研和丰富的刑事执法实践,摸索出宝贵的"上海经验"。

刑侦铁军的"锻造者"

工作中,钱海军不仅严于律己,对所带队伍也是严管厚爱,带出了一支忠诚干净担当的高素质刑侦铁军。由于涉黑涉恶案件社会影响重大、利益关系复杂,钱海军一直教育大家要时刻绷紧保密这根弦。三支队有个规矩,办专案时,不仅要对家里人守口如瓶,就连同一个办公室的同事也要保密。

尽管对工作要求很严,但在战友和下属眼中,钱海军工作中是好领导,生活中是好兄弟、好大哥,有人格魅力。大家对钱海军的第一印象往往是"待人亲切、没有架子",尽管是领导,却不会让人紧张。平时,队里有青年民警婚恋住房问题、退休民警求医问诊,各种困难他都牵挂于心。

钱海军牺牲后,他的桌上静静地躺着一份文件《反有组织犯罪立法建议》,上面密密麻麻写满了心得体会和修改意见。早在2007年,他就推动建立了通过分析敲诈勒索、寻衅滋事等110警情发现涉黑苗头的工作机制,有效遏制了上海黑恶势力的发展。作为全国较早推动反有组织犯罪立法的人,这份文件凝聚着他多年来通过执法实践反哺刑事立法的思考与心血。

2020年9月,中共中央、国务院、中央军委授予钱海军"全国优秀共产党员"

和"全国抗击新冠肺炎疫情先进个人"称号。11月,钱海军当选2020年第七届上海"平安英雄"。12月21日,公安部在北京举行第四期全国"公安楷模"发布活动,钱海军当选"公安楷模",并被授予"全国公安系统二级英雄模范"荣誉称号。

(资料来源:中国公安信息网站2020年12月22日和2021年4月1日)

点评:择一事,终一生。钱海军倒在了扫黑除恶的战场上,他的一生很短,五十载光阴稍纵即逝;他的一生很长,游走于刀尖,驰骋于刑侦一线,用尽一生与罪恶斗智斗勇。他将碧血丹心融入城市血脉,用实际行动践行了新时代人民警察"对党忠诚、服务人民、执法公正、纪律严明"的总要求,用生命与热血守护着城市平安和谐。他是名副其实的刑侦英雄、公安楷模。

他的精神激励着我们每一位公安民警,指引我们凝聚前行的力量,守护好人民的城市。纪念他最好的方式,就是成为他。作为一名中国人民警察预备警官,让我们以钱海军同志为榜样,踔厉奋发、勇毅前行,为平安中国建设贡献力量。

【思考与实践】

1. 简述警察职业忠诚度包括哪些要点。

2. 结合课程内容,我们开展了"红色讲师进课堂,公安英模讲忠诚"系列活动,请你谈谈有哪些收获。

3. 结合安保实习经历,选取令你印象最深刻的一张照片/一个镜头/一个场景,制作一个微视频(3—8分钟),讲述你对职业忠诚的理解。

第七章　人民警察忠诚教育的实践路径

人民警察忠诚教育，是指运用马克思主义的立场、观点和方法，对人民警察和公安院校大学生所开展的一系列坚定理想信念，激发忠诚意识和忠诚行为的教育教学活动。因此，采取何种方法、路径，对于教育效果有着重要的影响。在公安忠诚教育实践中，各教育主体因地制宜、多途径深入开展，既有文化熏陶等大环境的营造，也有榜样引领、仪式教育等有效举措，还有安保实训等特色做法。

学习过程中，你参与了哪些忠诚教育实践活动？印象最深刻又收获最大的是什么活动？

> 【学习目标】
> 通过日常的文化熏陶、榜样引领和仪式教育等内容，了解培养人民警察忠诚意识的特色方法。
> 【学习重点】
> 1. 榜样引领:打造人民警察忠诚教育的有效载体。
> 2. 仪式教育:构建人民警察忠诚教育的主要途径。
> 【学习难点】
> 理解并掌握培养人民警察忠诚意识的特色方法。

第一节　人民警察忠诚教育的重要路径——文化熏陶

习近平总书记在不同场合，多次强调要落实立德树人根本任务。为把立德树人的要求贯穿到人才培养的全过程，不断提高大学生思政教育的实效性，公安院校除了构建思想政治教育的课程体系、教材体系以及内容体系、方法体系外，还加强了在实践中检验忠诚教育相关工作体系。

一、思想政治教育与忠诚教育的关系

思想政治教育是社会或社会群体用一定的思想观念、政治观点、道德规范，对其成员施加有目的、有计划、有组织的影响，使他们形成符合一定社会所要求的思想品德的社会实践活动。

从内容上讲，此又可理解为大德育。大德育是指"通过知识传授、观念养成、性格培养等途径来提高受教育者在思想观念、政治意识、行为规范、心理调适等方面的素质，包括思想（价值观）教育、政治教育、道德教育、法制教育、心理素质教育等内容"。[①]

党的十八届三中全会强调忠诚党的教育事业，教育领域要始终坚持立德树人的首位论，提出："深化教育领域综合改革。全面贯彻党的教育方针，坚持立德树人，加强社会主义核心价值体系教育，完善中华优秀传统文化教育，形成爱学习、爱劳动、爱祖国活动的有效形式和长效机制，增强学生社会责任感、创新精神、实践能力。"党的十九大依然强调"落实立德树人根本任务，培养德智体美全面发展的社会主义建设者和接班人"。2018年9月10日，习近平总书记出席全国教育大会并发表重要讲话指出，"培养德智体美劳全面发展的社会主义建设者和接班人"。党的二十大报告指出，我们要办好人民满意的教育，全面贯彻党的教育方针，落实立德树人根本任务，培养德智体美劳全面发展的社会主义建设者和接班人，加快建设高质量教育体系，发展素质教育，促进教育公平。要培养德智体美劳全面发展的社会主义建设者和接班人，均把德育放在首位。

> **微链接**
>
> 要养成感知和观察高尚事物的习惯，以便从那种"高尚事物无法效仿"的借口中解脱出来。我们的心灵境界升高了，凝视神圣榜样的热情点燃了，我们就要设法见贤思齐了。
> ——[法]卢梭

公安院校忠诚教育是公安教育工作的重要组成部分，也是公安院校思想政治教育的有力抓手，凸显了公安院校思想政治教育的特性和公安院校培养人才的特点，是彼此渗透、密切协调的关系，对公安院校大学生健康成长成才和公安院校各项工作具有重要的导向、动力和保证作用。公安院校是培养人民警察的

[①] 舒也.对"大德育体系"的思考[J].高等教育研究，1999(3).

摇篮,是培养忠诚卫士的源头教育,从这个意义上而言,必须把忠诚教育摆在公安综合素质教育的首要位置,坚持"首位论"。

二、文化熏陶,提高人民警察忠诚意识水平

(一) 如何理解忠诚意识

忠诚,就是对人或事、价值或原则矢志不渝、尽心竭力的思想觉悟和道德品格,表现为强烈的归属感、执着的使命感和高度的责任感。忠诚代表着诚信和服从。

中华文化博大精深,忠诚文化是其重要组成部分。人民警察的忠诚是一种职业信仰,是一种尽心尽力、全力以赴承担责任的道德品质。党中央提出"三个倡导",即"倡导富强、民主、文明、和谐,倡导自由、平等、公正、法治,倡导爱国、敬业、诚信、友善"。这"三个倡导"分别从国家层面的价值目标、社会层面的价值取向及公民个人层面的价值准则完整系统地表述了社会主义核心价值观的科学内涵和精神实质。社会主义核心价值观重在培育,各行各业都要根据自己的行业特点,做出适合本行业特色的培育模式。只有这样,才能使社会主义核心价值观建设取得应有的成效。而加强以忠诚意识为核心的人民警察核心价值观建设,是社会主义核心价值观建设的重要内容,是公安机关人民警察加强社会主义核心价值观培育和建设的重要举措。2014年1月中央政法工作会议上,习近平总书记也明确强调,公安队伍必须绝对忠诚、绝对纯洁、绝对可靠,永葆忠于党、忠于国家、忠于人民、忠于法律的政治本色。树立忠诚意识也是培养忠诚警魂的逻辑起点。

阅读窗

有关"忠诚文化"的名言警句

《论语·季氏》:"言思忠。"
《论语·学而》:"为人谋而不忠乎?"
《左传·成公九年》:"无私,忠也。"
《说文解字》:"忠,敬也,从心,中声。"
《忠经·天地神明章》:"忠者,中也,至公无私。""忠也者,一其心之谓矣。"

(二)通过学习与熏陶,铸造人民警察"忠诚警魂"

毛泽东同志曾说:"我们不但要提出任务,而且要解决完成任务的方法问题。我们的任务是过河,但是没有桥或没有船就不能过。不解决桥或船的问题,过河就是一句空话。不解决方法问题,任务也只是瞎说一顿。"①可见方法问题十分重要,不断加强学习,应当说是个事半功倍的好方法。

1. 加强中华传统文化的学习,特别是忠诚文化的学习

中华文明孕育了灿烂的中华文化,其博大精深,实为中华民族精神力量的源泉,几千年来一直是中国人民安居乐业、安身立命之文化根基,也一直是中华文化的精神脊梁。中国之所以成为世界上唯一一个文化绵延五千年而没有中断的国家,正是因为有如此深厚的中华传统文化作为支柱,这种文化一直贯穿于我们每个人的成长历程。其中许多思想精华、处世原则和哲理睿智至今仍是我们做人做事所应遵循的标准,有其独特的价值体系。比如,中华文化强调"民为邦本",强调"德不孤,必有邻"。在当今社会,人们急功近利,道德和良心的缺失尤为突出,所以需要学习中华传统文化,发扬传统美德,让仁爱、孝悌重回到我们心中,让忠诚、守信应用于工作和生活中,使我们的社会安定和谐,国家兴旺发达,特别是要将忠诚、守信、仁爱应用于公安工作和日常生活中。

2. 加强科学理论的学习,特别是中国化时代化马克思主义科学理论的学习

当前,中国特色社会主义的社会建设已经开创出崭新的局面,公安机关在中国特色社会主义道路建设的过程中,为国家安全和社会稳定,应当积极参与其中,责无旁贷。人民警察在创建社会主义和谐社会,建设美丽中国、生态文明的征程中,应坚定学好科学理论,特别是习近平新时代中国特色社会主义思想,学好法律,掌握为人民服务的本领,以更加饱满的热情和更加积极的态度实现"平安中国"梦。

首先,我们内心底处要明白,我们的党就是用马克思主义理论武装起来的政党。在中国革命、建设和改革的各个历史时期,我们党始终把马克思主义基本原理与我国具体实际相结合,创造出了毛泽东思想、邓小平理论、"三个代表"重要思想、科学发展观和习近平新时代中国特色社会主义思想等中国化时代化的马克思主义理论。人民警察要完成好新时代职责使命任务,就必须时刻学习科学

---

① 毛泽东.毛泽东选集(第1卷)[M].北京:人民出版社,1991:139.

理论,用科学理论武装自己的头脑,这也是全国公安机关和广大的公安民警必须达到的一种政治标准。

其次,我们内心底处要清楚,必须不断加强党的路线、方针和政策的学习。习近平总书记不断强调"要在党言党、在党为党"。党的路线、方针和政策是在马克思主义基本原理的指导下,结合我国经济社会发展的实际制定的,具有很强的现实性和针对性。公安机关是人民民主专政的坚强柱石和工具,又受党的绝对领导,了解并掌握党的路线、方针和政策,是人民警察在以警务工作为中心的各项工作中要秉持的一种政治理念,也是全国公安机关和广大公安民警必须无条件遵循的一种政治标尺。

3. 加强法律法规的学习,特别是公安类法律法规的学习

公安机关是人民政府其中一个履行法定职责的职能部门或者说是行政执法部门。行政执法是我们行政机关最重要的经常性的工作,它关系到国家和社会管理活动的正常运转,关系到深化改革扩大开放和经济的发展。对于广大公安民警来说,学好相关法律法规,是最基本的要求。特别是学好公安类法律法规,这是人民警察履职的看家本领。

首先必须维护宪法权威。人民警察必须以宪法为根本活动准则。宪法是国家的根本大法,马克思称之为"法律的法律"。党的十八届四中全会通过的《中共中央关于全面推进依法治国若干重大问题的决定》对依宪治国作出了重要的论述:"宪法是党和人民意志的集中体现,是通过科学民主程序形成的根本法。坚持依法治国首先要坚持依宪治国,坚持依法执政首先要坚持依宪执政。全国各族人民、一切国家机关和武装力量、各政党和各社会团体、各企业事业组织,都必须以宪法为根本的活动准则,并且负有维护宪法尊严、保证宪法实施的职责。一切违反宪法的行为都必须予以追究和纠正。"另外,经法定程序规定了每年12月4日为国家宪法日。所以说,维护宪法既是人民警察必须遵守的政治原则,也是人民警察应当遵循的职业道德规范,更是人民警察忠诚履职的底线要求。

其次要学好其他法律法规,尤其是公安类法律法规。学好法律法规,是做到秉公执法的基础。特别是与人民警察职务活动有关的法律法规,这是人民警察必备的基本的业务素质。《中华人民共和国现行有效法律》根据大型文献纪录片《铸法》中的总结,收录了我国现行有效的法律,共计245部,包括宪法以及宪法相关法、民法商法、行政法、经济法、社会法、刑法、诉讼与非诉讼程序

法这七类法律。① 如此之多的法律,如何学,就公安机关而言,重点要学的是宪法、刑法、治安管理处罚法、人民警察法、枪支管理法以及涉及执法办案、交通事故处理、户籍和出入境管理等与公安工作密切相关的法律法规。学好法律,同时也是切实维护人民合法利益的需要。也可以说,人民警察无论是治安行政执法还是刑事司法,都必须真心实意地保护公民基本的合法的权利和自由,不得作出侵犯公民、法人和其他组织合法权益的决定,不得作出增加公民、法人和其他组织义务的决定。广大公安民警秉公执法,应当在实际行动中体现出来,在公安工作中、警务实战中,真正做到不徇私情、不畏权势、严禁逼供、不枉不纵。

三、加强学习,促进人民警察忠诚意识由显意识向潜意识转变

众所周知,人的意识分为两个层面:一是显意识层面,主要是指人自觉意识到的思想、观念,它与人对外界事物的认识相联系,马克思称之为理论的掌握世界的方式。有学者认为,显意识是指主体意识到的外显于思维阈限上的场化信息,是主体在显控制下所进行的思维阈限上的显效应。② 那么相对应的,在另一层面是潜意识方面,即深层的文化心理,是潜在的、人难以意识到的深层心理意识,它与主体的价值评价相联系,马克思称之为实践——精神的掌握世界的方式。也有学者认为,潜意识是指主体未知觉到的内隐于思维阈限下的场化信息,它是由于本能、遗传、训练等积淀而成的一种在主体意识之外自动控制进行的思维场的潜效应。显意识不断重复就可以沉淀为潜意识。与显意识相比,潜意识具有相当的稳定性。由此可见,一个人转变思维方式,首先需要进行思想、理论、观念等显意识层面的更新,但是仅有思想、理论、观念等显意识层面的更新还不够,还必须在此基础上进一步触动其深层文化心理,这样才能真正把思维成果转变为自觉行动。

人民警察忠诚警魂的培育,忠诚意识的培养、形成,同样需要经历一个由显意识到潜意识的过程。在这一过程中,不断地加强学习,不但是必要路径,更是起着重要作用。因为,加强学习可以使人民警察不断提升对忠诚警魂的认识,这种认识起着基础作用。现代认识论认为,"认识是主体通过认识工具观念性地再

---

① 全国人大常委会办公厅新闻局.中华人民共和国现行有效法律[M].北京:中国民主法制出版社,2012.

② 王延华.认识的二维度——论显意识与潜意识的辩证逻辑[J].吉林师范大学学报(人文社会科学版),2012(5).

现客体的过程,它是主客体之间的一种观念形态的相互作用,这种交互作用的结果,即试图实现主体和客体在观念上的统一与一致"。①忠诚意识的培养,认识是起先导作用的,先通过认识,明白其重要性,把握其要义,便先形成了关于忠诚的显意识。另外,经常性的学习,将学习常态化、经常化、系统化,可使人民警察显意识向潜意识转变,并自觉地化作具体的实践行为,也就是我们常说的"内化于心、外化于行"。

> **微链接**
>
> 青年的思想愈被范例的力量所激励,就愈会发出强烈的光辉。
>
> ——[苏联]法捷耶夫

第二节 人民警察忠诚教育的有效载体——榜样引领

人民警察忠诚教育是培育人民警察高尚人格、造就其内在忠诚品质,调节其在公安执法执勤活动中的各种行为,以形成良好的人民警察的个人形象,同时又代表党和政府的形象的重要方法,也才能树立良好形象。在人民警察整个的履职过程中,在人民警察的团队中,多少年来,已涌现出无数英模个人和群体。他们是我们身边"看得见、摸得着"的榜样,代表着正义,无时无刻不传播着正能量。他们更是代表着一种精神,引领着公安队伍沿着"忠诚的足迹"而忠诚地履行使命。所以说,通过公安队伍中榜样的引领,扩展榜样的示范效应,为培育人民警察忠诚观营造良好的内外部环境,对公安机关人民警察忠诚教育有着十分重要的意义。

发挥和扩展人民警察榜样的效应是人民警察进行忠诚教育的重要路径之一。所谓榜样效应,是指具有代表性的先进人物在影响和激励人们的过程中能产生的效果。榜样可以为人民警察忠诚教育提供学习、模仿、借鉴的典型形象和精神引领。通过我们公安队伍中涌现出的先进人物和事迹,用我们身边涌现出的警界榜样引导教育,可以不断引申和强化人民警察忠诚教育的效果。

---

① 胡敏中.理性的彼岸[M].北京:北京师范大学出版社,1994:158.

一、榜样的内涵、类型及特征

榜样具有特定的内涵。榜样的界定与一定的政治、经济、文化和社会条件分不开。例如,20世纪60年代开始至今仍然在学习的"雷锋精神",便和当时的社会历史条件有着密切联系。所以说,榜样的界定要与一定的社会环境产生联系,以一定的社会环境下的价值目标为基础,结合社会成员的普遍认同来认识和把握。而公安英模的产生、榜样的树立,不但与当时的社会产生密切联系,更是凸显了公安这一职业属性的要求和公安工作所追求的核心价值观的集中体现。

(一) 榜样的内涵

《辞海》中榜样的释义是:"一是样子。张镃《俯镜亭》诗:'榜样自天成。'二是情形,状况。《二刻拍案惊奇》卷二十:'分外与小老婆肉麻的榜样也是有的。'三是作为仿效的例子。李贽《续焚书·李善长》:'其不私亲,以为天下榜样,亦大昭揭明白矣。'四是典型,先例。《二刻拍案惊奇》卷十:'妇人家有天生成妒忌的,即此便是榜样。'"《现代汉语词典》解释为:"作为仿效的人或事例(多指好的)。"从公开出版的辞书的定义来看,其含义大同小异。一般来说,我们对榜样的理解大多是从教育的层面、德育的角度来考察的。从教育的层面来看,榜样就是人们借以模仿的对象。从德育的角度来看,榜样就是"在道德上主动精神的一种形式,表现为一个人(一群人或一个集体)的举动变成其他人行为的楷模——它不仅激励别人仿效自己,而且向别人提供现成的活动方式,这种活动方式后来普及于其他人,变成许多人的行为规范"。[1] 公安机关人民警察忠诚教育更多的是侧重于从德育的角度来考察与阐释。因此,所谓榜样就是"具有崇高的道德理想和道德境界、高尚的道德人格和道德品质、富有道德魅力和道德吸引力而令社会大众景仰、学习和模仿,从而对提升社会大众的道德素质和整个社会的道德水平产生重要影响的先进人物"。[2] 就公安机关而言,就是在公安队伍中涌现出来的,对提升社会大众的道德素质和整个社会的道德水平产生重要影响的先进人物和先进事迹,充分展示了公安群体的精神风貌,同时也充分展示了党和政府的良好形象。

---

[1] 伊·谢·康.伦理学词典[M].王荫庭,等译.兰州:甘肃人民出版社,1983:99.
[2] 高建生,田忠宝.公务员忠诚教育纲要[M].太原:山西人民出版社,2010:217.

> 🔗 微链接 🔗
>
> 教,上所施,下所效也。
>
> ——许慎

榜样是一面旗帜,也是一种精神的引领。俗话说"榜样的力量是无穷的",更多的是指榜样所体现出的精神层面的东西。典型是榜样,英模是榜样,先进也是榜样。毋庸置疑,榜样就是最使大众产生感情的共鸣,具有让人们崇拜并自觉仿效的效应,能够给人以鼓舞、教育和鞭策。对于公安院校的大学生来说,榜样的示范教育作用,也是公安思政教育的主要方法之一。

公安思想政治工作实践已充分证明,榜样的示范引领与示范教育作用,是一种可以提高公安院校大学生综合素质的传统方法,也是"以高尚的精神塑造人"的具体体现。我们在选择公安榜样的过程中,通过忠诚教育方式,使公安院校大学生在"寻找自身亮点"中激发热情,在"相互比较亮点"中提高查找问题的动力,在"寻找团队亮点"中踩准公安院校大学生提高综合素质的可持续发展的"油门"。

有人曾说:"播撒一种思想,收获一种行为;播撒一种行为,收获一种习惯;播撒一种习惯,收获一种性格;播撒一种性格,收获一种命运。"传播一种榜样,我们能够时时看到奋斗的目标和参照标的。榜样是一种向上的力量,是一面镜子,是一面旗帜。榜样好比人生的坐标,事业成功的向导。榜样引领的那种精神,带给我们的是无尽的锐气、朝气,是永无止境的力量源泉。公安院校大学生应当庆幸,我们身处一个榜样辈出的时代。近六十年来,我们"学习雷锋好榜样",正如西安交通大学教授、陕西省道德文化研究会会长卢黎歌指出的:"雷锋精神实质是与社会主义市场经济对人的敬业精神、诚信品质、服务意识、爱心责任要求是相通的、一致的,雷锋精神在市场经济时代仍有旺盛的生命力。"[①]今天我们学习雷锋,就是学习他的精神实质,并不过时。在新的历史时期,特别是党的十八大以来,各行各业、各种各样的榜样,在我们身边层出不穷,就全国公安机关而言,更是涌现出了无数的先进典型和榜样。

全国公安系统一级英模、号称"虎胆英雄"赵新民,1976年11月参加公安工作,1990年12月加入中国共产党,生前系乌鲁木齐市公安局西门派出所教导员。2002年2月1日上午11时许,该所接到110报警,有一犯罪嫌疑人身绑炸药;在危

---

① 龚亮,王昊魁.今天,我们更加敬仰雷锋[N].光明日报,2013-3-3(2).

急时刻,赵新民把死的危险留给了自己,时间定格在 2002 年 2 月 1 日 11 时 52 分。从警 26 年来,他始终保持强烈的事业心和高度的责任感,最后以血铸忠诚。

全国特级优秀人民警察、首都劳动奖章、全国"我最喜爱的十大人民警察"、优秀社区民警贾银虎,1992 年复员分配到北京市公安局十二处,1995 年调至石景山分局苹果园派出所,担任苹果园三区社区民警,从警 20 多年,一心扎根社区,心系群众,被小区百姓称为"小区最受欢迎的人"。

阅读窗

向上向善好青年黄俊:驻守上海地标的"交通第一岗"

黄俊,上海市公安局黄浦分局交警支队机动大队警长,在共青团中央 2020 年"争做新时代向上向善好青年"主题活动中,从一万余名优秀候选人中,成功入选"全国向上向善好青年"名单。2022 年 5 月,被表彰为"全国特级优秀人民警察"。

黄俊最初的岗位在南京东路/中山东一路路口,背靠举世瞩目的百年外滩风景区,被称为外滩"第一岗"。在这里,他坚持"把为民服务的小事做到极致"的工作理念,竭诚服务中外游客。

"在这里执勤,遇到最多的就是问路。"黄俊说,作为外滩的执勤交警不仅要清楚周边的道路状况,还要熟悉上海的历史文化和风土人情。

在不足一平方公里的管辖范围内,密集分布着近百个道路弄堂、70 多个政府机关和企事业单位,还有 20 余处文化古迹、10 多个著名景点。为了更好地服务群众,黄俊利用业余时间走遍辖区每一条道路、熟悉每一栋建筑、熟记每一个细节,成了问不倒、一口清的"活地图"。

在主动回应群众需求的同时,黄俊在交通管理中不断创新,他牵头协调大型路口、路段交通组织优化项目。围绕医院周边路口微改造、企业居民停车矛盾等疑难问题,先后对辖区 14 个复杂路口路段实施改造、23 处信号灯进行调整优化。其间,黄俊依托城运系统道路交通管理子系统,综合研判节假日期间外滩区域道路通行拥堵节点,对外滩、延安路两条主干道沿线各路口信号灯进行协同调整,实现精准到秒,成功挖掘释放道路潜能,使整个外滩区域平均车速提升 5%。

2014 年 11 月赴武汉参加"我最喜爱的人民警察"评选活动颁奖典礼的上海市公安局技侦总队总队长张宝发、普陀分局桃浦派出所民警陈德骅、闵行分局刑侦支队民警姜峻载誉归来。这是诞生在上海的警界先进典型和身边学习的榜样。张宝发荣获全国十大"我最喜爱的人民警察"称号,同时被人力资源和社会保障部、公安部授予"全国公安系统一级英雄模范"称号;陈德骅获特别奖,被授予"全国公安系统二级英雄模范"称号;姜峻获得提名奖,被授予"全国特级优秀人民警察"荣誉称号。

公安系统的榜样可以说数不胜数,且不说还有无数无名英雄。

(二)榜样的类型

这是一个榜样辈出的时代。各种各样的榜样,在不知不觉中成为我们心目中的坐标。如今许多榜样,也正在我们身边不断涌现。徐本禹是一个榜样,他用自己的青春书写一卷美丽的教育图画,也用实际行动书写了自己"忠诚于党的教育事业"而无怨无悔;刘翔是一个榜样,他用一面奔跑的旗帜,书写了自己"忠诚于党的体育事业,特别是忠诚于110米栏赛场",将崛起的中国形象深深烙刻在世界的视野里。榜样是什么?榜样是一种力量,彰显进步;榜样是一面旗帜,鼓舞斗志;榜样是一座灯塔,指引方向。榜样教育法是我国各级各类学校进行德育的重要方法之一,它以其形象、具体、生动的直观性与立体性等特点,使德育更具可接受性与有效性。对于公安院校大学生思政教育而言同样适用这一方法,那么什么样的榜样最能引起大众的学习和模仿呢?

1. 权威榜样

人都有依从、崇拜权威的心理。从"个人"角度来说,人民警察也是社会普通成员之一;从"职业"角度来说,公安机关也只是政府众多职能部门中的一个部门;从"职业群体"角度来说,公安队伍是代表国家和政府执法的一个特殊群体。然而这支队伍又有着与众不同的地方,因为这支队伍有个十分可爱的称呼——"忠诚卫士"。共和国"忠诚卫士"们也都有依从、崇拜权威的心理。

关于权威,一般是指在某一方面具有特殊才能或权力、地位的人。权威一般可分为领导权威、技术权威、明星权威等类型。领导权威通过其地位、权力以及特有的气质、风度影响公众,就公安机关而言,我们身边很多先进典型和英雄模范都是身处领导岗位,如"巾帼英雄"、全国优秀人民警察、河南登封市公安局局长任长霞等;技术权威通过其丰富的工作经验、熟练的技能来影响受众,如第五届全国十大"我最喜爱的人民警察"、全国公安系统一级英雄模范、上海市公安局技侦总队总队长张宝发,既是领导权威榜样,也是技术权威榜样;明星权威通过其服饰、发型以及良好的形象影响受众。这些权威榜样的一言一行,常常容易成为人们模仿的对象。心理学上有一种"自居作用",受众常认同某些自己所羡慕和崇敬的人物,以他们自居而感到荣耀。

2. 与大众具有相似性的榜样

人们都有模仿那些在某些方面与自己相似的榜样的倾向。因为相似性使人觉得模仿具有现实可行性,这样也就乐意去模仿。如果榜样太高大,相距太遥远,相差太悬殊,就使人觉得无从模仿。如在组织内部或一特殊群体内部,应在与内部工作人员的学习、工作、生活紧密联系的群体中树立榜样,这样既可以消除内部工作人员的畏惧感,促进工作人员之间的心理相容,同时又可以激发他们赶超榜样的积极性,从而提高群体或组织的工作效率。公安机关内部就有很多先进典型和英雄模范,这些榜样就涌现在公安机关人民警察身边,可谓看得见,摸得着。又比如在组织外部,要善于在其他各行各业的普通大众中树立榜样,这样能拉近大众与榜样之间的距离,从而通过榜样争取公众对组织的支持、认同。如军队涌现出的榜样,政法机关涌现出的榜样,科学技术群体中涌现出的榜样等,虽出现在其他行业或职业,但其精神仍然值得人民警察学习,这样学习榜样的范畴和领域就更广了。

3. 具有支配力的榜样

社会心理学家的实验及无数生活实例表明,有支配力的人往往成为受众模仿的榜样。支配有两种类型,即权威支配和情感支配。具有权威支配能力的人如前面所讲的领导者、技术人员、明星等。在权威支配之外,受众往往会对具有情感支配力的人产生好感。这是由于具有情感支配力的榜样更容易得到受众的情感反馈、认同,有助于心理相容。

4. 行为结果常常被模仿的榜样

受众常常是依据榜样的行为结果是得到奖励还是惩罚来决定自己是否应该模仿。受众常常是模仿其他人曾得到奖励或称颂的行为而形成自己的行为。因此,组织应经常有意识地对良好的榜样进行表扬,特别是在组织内部更应该如此,要创造出一种良好的行为氛围,这对加强组织的内部团结具有重要意义。同时,组织对广大外部公众中的榜样行为也要大加称颂、渲染,这样就能有效影响公众行为,促进受众对组织的好感和信任。

在实际生活中,可引起大众模仿的榜样既有积极的,也有消极的。正确的模仿能习得良好行为,所谓跟好人学好人;而不适当的模仿则会习染不适当的行为,如"东施效颦""邯郸学步",为他人留下笑柄。因此,组织要积极树立正面的榜样,克服反面的榜样。总之,榜样的类型多样,行为方式千差万别,外在形象各不相同,性别、身份各异,然而,都有自上而下和自下而上两种产生程式,都传承着历史、指引着当代、昭示着未来。

（三）榜样的特征

榜样是一个社会先进道德思想的承载者。就公安院校而言,榜样的示范教育作用是调动公安院校大学生学习、工作、生活的主动性、积极性和创造性的一条重要途径。榜样对于学习者来说,"代表着学习者想实现而没有实现的目标,是一种情之所系、心向往之的目标,而且这一目标是可见又是可及的,在榜样身上得到实现并生动地展现出来"。①

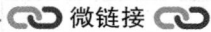 微链接

教诲是条漫长的道路,榜样是条捷径。
——[古罗马]塞涅卡

榜样以其具体形象的形式,让大众易于接受和仿效,能够增强组织对大众的感召力和正面激励作用。榜样就是社会主义核心价值观的引领者、传播者,就是人民警察核心价值观,特别是忠诚信仰观的践行者、诠释者。这是由榜样所具有的特征所决定的。

首先,榜样具有形象生动性。榜样总是以生动鲜明的形象,给人以直观亲切的感受,很容易让人接近。人们一般的认知规律表明,相对于抽象的事物而言,人们总是比较容易接受和了解具体形象的事物,具体而形象的事物更容易打动人们并留下深刻的印象。榜样具有形象生动性,同样也是榜样教育所具有的特征。榜样教育可以通过社会现实生活中典型的事例及生动形象的人物形态,用直观的手法把抽象难懂的事物变成易于人们接受的具体形象的直观事物。榜样教育的形式也可以是多种多样的。榜样教育常以人物的事迹展开说明,而心理学指出,人们对于具体的人和事是很容易理解和接受的,这也能引起人们交流的兴趣。

其次,榜样具有很强的感染性。因为榜样的力量是能引起别人产生相同思想感情的力量,同时也是启发智慧或激励感情的力量。由于榜样总是体现着某种理想信念、行为准则、思想品德,因而极富感染性和激励性,很容易引起人们的共鸣。

---

① 袁文斌.论榜样效应实现的三个基本因素[J].东岳论丛,2010(1).

再次,榜样具有强烈的示范性。榜样是因为拥有了高尚的道德情操和优秀的品质而被人们熟悉和了解,榜样这一特征就注定了榜样教育具有示范性的特点。每个人在成长的道路上都会遇到一定的困难和挫折,有的人的成长和成才道路甚至充满了坎坷和磨难。当这些困惑和迷茫出现的时候,人们总是希望有一种力量能支撑他们继续走下去,就如同在黑夜航行的船只总是期望那远处的灯光一样。榜样身上所体现的高尚品质,正如耸立在大海上的一座灯塔,使他们有勇气和希望朝着预期的目标努力前进。榜样带来的是一剂精神上的良药,使受教育者不断地完善和超越自我。因为榜样是具有了优秀品质、正确价值观的一批人,榜样教育使人们通过榜样得到动力,引导人们健康积极地成长和生活。青年学生涉世不深,在面对现实生活各方面的压力和困惑时,在试图找寻自己的人生位置时,如果出现一位志趣相投的人作为参照物,成为他们的精神支柱和效仿对象,就能引导他们完成梦想,走出空虚迷茫。

最后,榜样具有模仿性。个人发展领域中最有成效的理念之一,就是模仿榜样。所谓模仿榜样,就是找到在某一领域已获得你想要的结果的成功人士,学习他们达成那些成果的做法,然后基本上重做相同的事情。这个方法很像按照菜谱重做一餐饭。公安机关人民警察有各种各样的不同岗位,也就存在不同警种,不同岗位相互学习,不同警种互相模仿,这不但是种可能,而且要成为必然。正是由于榜样具有形象生动、直观具体的特征,能起到示范引领的效果,同时又具有很强的感染力,因此,榜样具有可学习性,容易被人们接受并模仿。

二、榜样的功能

榜样内含着其所秉承的崇高价值取向,及其在这种价值取向下表现出的高尚的思想境界和道德情操,可以给他人带来巨大的精神激励,具有内在和外在两方面的功能。

(一)榜样的内在功能

首先,榜样可以传承优秀的传统道德,成为优秀传统道德的承载者。优秀传统道德经过长久的历史发展和实践检验而被证明具有恒久的道德价值。在道德榜样上,可以看到各种各样的传统美德。道德榜样通过对社会恒久道德价值的实践坚守和体认而成为传统优秀道德的承载者、传播者和捍卫者。上下五千年的华夏文明孕育着十分丰富的"榜样人物",其精神激励着一代又一代的华夏儿女前赴后继,其精神也随着华夏文明传承至今而生生不息。

现代的榜样,最耳熟能详的要数雷锋了。雷锋同志全心全意为人民服务,把有限的生命投入无限的为人民服务中去,干一行爱一行,具有立足岗位、艰苦奋斗的敬业精神,具有舍己为人、助人为乐的精神。我们从小听着"学习雷锋好榜样"的歌声长大,全心全意为人民服务的思想深入人心。这便是榜样的精神传承。

其次,榜样可以弘扬现实社会,成为社会主流价值的体现者。社会主义市场经济的今天,我们并不否认当今人们对榜样的精神鼓舞作用,面临着一定的困境与挑战,但其主流是现实社会道德往往表现出先进性和广泛性等多层次的特点,在价值取向上往往又表现出多样化和多元化等特点。社会主义核心价值观的"三个倡导"是对全社会成员的主流价值导向,人民警察核心价值观的"八字真言"是对全体公安机关人民警察的普遍道德要求,同时又是体现公安机关特色的主流价值导向。社会道德榜样正是通过对社会先进道德和主导道德的践行而成为社会主导道德价值的发扬者和社会价值导向的体现者。通过榜样教育,是要实现教育的核心目标,即受教育者的"人格心灵的唤醒"[1]。榜样是"在人们头脑中的先进典型、突出的人物形象"[2],是被人们模仿的对象。榜样的主要功能之一则是"作为一种社会治理的技术而存在"[3]。榜样教育作为德育的子系统,对于德育平行系统的智育、体育、美育等有促进功能。

> **微链接**
>
> 以科学的理论武装人,以正确的舆论引导人,以高尚的精神塑造人,以优秀的作品鼓舞人。
>
> ——江泽民

最后,榜样可以开创未来理想道德,成为引领社会道德风尚的先行者。未来理想道德代表着人类社会道德发展和进步的方向。作为社会理想人格的现实化身,道德榜样集中体现着一定社会的道德规范和行为准则,而道德榜样恰恰体现了未来理想道德的基本精神、历史趋势和理想道德人格,并在道德实践中创生着新的道德原则、道德规范和道德理想,引领着社会道德风气,是社会理想道德人格的化身和未来新道德的开路先锋,反映了人们完善道德秩序的需求。道德榜

---

[1] 杨孟琪."'集体英雄'式的教育家"引发的思考[J].教师博览(文摘版),2007(8).
[2] 赵翰章.德育论[M].长春:吉林教育出版社,1987:124.
[3] 何其仁.榜样教育的困境与出路[J].山东青年政治学院学报,2011(1).

样以自我觉醒、自我约束的实践精神方式,表现人类对现存世界的价值评估,表现人类对应有世界的价值追求,激励和引领人们上升到更高的文明境界。运用道德榜样的力量,引导人们确立正确的价值导向,遵循一定的社会道德准则,是古今中外道德教育的普遍规律,也是中国共产党思想政治教育的优良传统。榜样以其自身所蕴含的独特特征,以其先进事迹和典型故事,以人叙事,以事记人,其逻辑起点是传承着历史、指引着当代,其逻辑归宿是昭示着未来。榜样,尤其是道德榜样,既是传统优秀道德的承载者,又是现实主导价值体系的积极践行者,更是未来理想道德的倡导者和先行者。

(二)榜样的外在功能

首先,榜样具有示范功能。示范意指做出榜样或典范,供人们学习起示范作用;把事物摆出来或指出来使人知道。我国古代圣贤说:"其身正,不令而行;其身不正,虽令不从。"榜样的示范功能可见一斑。应当说,好的榜样,是最好的引导;好的楷模,是最好的说服。榜样可以为受教育者提供社会道德准则、道德规范所要求的物化行为模式;学习者往往把榜样及其行为确定为标准的参照模式和样板,使他们能参照榜样行为,调整并矫正自身行为,与榜样行为保持一致,促使其由认知向行为转化。

其次,榜样具有激励功能。激励一般是指一个有机体在追求某些既定目标时的意愿程度。它含有激发动机、鼓励行为、形成动力的意义。哈罗德·孔茨在《管理学》一书中提到,激励"是一个通用名词,应用于动力、愿望、需要、祝愿以及类似力量的整个类别",这是对激励最普遍的解释。公安院校大学生作为一个素质较高、人格相对独立、人生观世界观基本形成而可塑性较大的特殊社会群体,其综合素质对现实社会中人力资源的构成、代表党和政府执法和未来社会的发展均有着不可忽视的作用。由于榜样对受教育者具有功利性意义,可以唤起人们追求崇高的行为动机,因此,受教育者就会产生学习榜样的强烈需求。人们为了从榜样学习中获得某种实际利益,就会产生一些激励人心的情感力量,比如事业感、责任感、集体荣誉感和个人尊严感等。"榜样的力量是无穷的",但也不可否认在社会现实中,榜样精神的缺失一度成为公安院校大学生精神世界迷失的写照之一。激励理论证明,虽然榜样的效果有所弱化,但榜样的激励作用仍在,关键在于激励的方法和榜样的选择。如何学习榜样、寻找与榜样的共性契合点是公安院校大学生精神世界回归的必由之路。新时代全国公安队伍中涌现出来的无数榜样、典型,就是公安院校大学生学习的楷模,能使大学生心灵产生"共振",使公安院校大学生不但能迈好从警第一步,而且能走好未来的从警之路。

最后,榜样具有整合功能。对社会道德价值观整合的需要,源自社会道德价值观的分化及其所导致的道德价值观的多元化。道德价值观的多元化意味着多元道德价值观之间会发生冲突甚至对立,这必然会影响社会的和谐稳定。榜样的整合功能是指它在协调社会群体成员的行动方面所发挥的作用。社会群体中不同成员都是独立的行动者,他们基于自己的需要,根据对情形的判断和理解采取行动。榜样的力量,其凸显的精神是受教育者之间沟通的中介,如果他们能够共享并感受榜样所凸显的精神力量,通过树立和宣传道德榜样,就可以使人们通过对道德榜样的学习和模仿,做到见贤思齐,从而实现多元道德价值观的共识和整合。

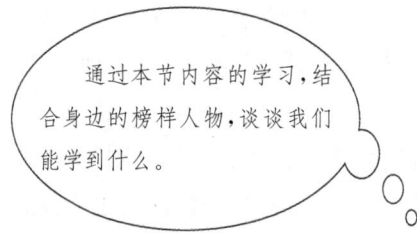

俗话说,榜样的力量是无穷的。典型榜样是组织精神和组织文化的人格化身与形象缩影,能够以其特有的感染力、影响力和号召力为组织成员提供可以仿效的榜样,而组织成员也正是从英雄人物和典型榜样的精神面貌、价值追求、工作态度和言行表现之中深刻了解到组织文化的实质和意义。尤其是组织发展的关键时刻,组织成员总是以榜样人物的言行为尺度来决定自己的行为导向。①

第三节 人民警察忠诚教育的主要途径——仪式教育

一、仪式与仪式教育

仪式教育作为公安院校思政教育的一种特色途径,不仅是公安院校思政教育的一种行之有效的必要形式,也是公安院校思政教育一个极其丰富且有待于进一步开发的潜在资源。"一个民族、一个社会,如果没有一种强烈的道德感,或者没有较高的道德水准,是难以想象的,哪怕有再多的再严酷的法律,也不会是一个和谐的社会。而道德水平的提高,道德感的营造,则是一个系统的工程,需要以各种方式建构。其中,仪式教育十分重要。"仪式教育就是一种情境体验式

---

① 周三多,等.管理学——原理与方法(第四版)[M].上海:复旦大学出版社,2003:212.

的启发激励教育,是以特定教育目的为指向,在特定时间和地点采用规范程序举行的教育活动形式。作为公安院校大学生思政教育的一种传统模式,仪式教育中所蕴含的强大功能和丰富内涵理应得到充分重视和深入挖掘。

(一) 何谓仪式

"仪式"一词在《现代汉语词典》中的意思是指"举行典礼的程序、形式"。仪式是被一个群体内的人们普遍接受的通过专门设计的按某种既定程序进行的身体活动与行为。它经常固定地和重复地在某个时间或某一特定的情况下举行,并且承载着某种象征意义。在公安院校大学生思政教育体系中,通过一定的能够凸显公安工作特色的仪式,不但十分重要,而且十分必要。

泱泱五千年文化培育了中华民族独特的思想、价值、政情、民俗,我们要认真汲取中华优秀传统文化的思想精华和道德精髓,使中华优秀传统文化成为涵养社会主义核心价值观的重要源泉。中国作为礼仪之邦,礼乐仪制一直是中国古典人文主义的重要内容。孔子说"不学礼,无以立",认为学习"礼"与成人是不可割裂的关系。人们的日常生活离不开仪式,一个人从出生到死亡,将经历庆生、生日纪念、成年、结婚、生子、丧葬等各种仪式。在社会生活的各个领域,也充满了各种仪式。在政治领域,有阅兵仪式、升国旗仪式、接见仪式等;在经济领域,有开工仪式、庆典仪式、签字仪式等;在文化领域,有传统民俗节日庆典、纪念仪式,或是大型赛事举行的开闭幕仪式、火炬传递仪式、颁奖仪式等。这些仪式的作用包括纪念历史、展示形象、传递信念、传承文化等。而仪式作为社会生活中一种最直观、最生动又最具规范性和操作性的行为,是诸多文化现象的承载体。它是一种集体行为和大众行为,参与人数众多,是其最大优点。

(二) 何谓仪式教育

仪式本身自出现之时就同时成为一种教育的手段,蕴含着非常丰富的教育功能与教育意义。如我国古代官学中举行的乡饮酒礼,就有劝化不上进的受教育者的意图。在这种仪式上,老年人按不同年龄层次受到不同礼遇,"通过它来向后进者揭示社会伦理秩序与文化价值取向,使人依从,有所改进,成为社会需要的人"[①]。近年来,高校也越来越重视通过"仪式教育的手段开展学生思想政治教育,提高人文素质和规范道德行为,如举行成人仪式、升旗仪式、入党仪式、入团

---

① 王洁敏,尹茂盛.试析仪式在高校思想政治教育中的作用[J].思想教育研究,2008(6).

仪式、开学典礼、毕业典礼等"①。从某种意义上说,"从人类的诞生开始,仪式就伴随着人类始终,人的一生也是在各种仪式中度过的,在特定的历史时期曾出现过没有道德、法律但仪式却始终存在的现象,它是人类社会非物质文化遗产的重要组成部分"②。那么,也可以这样理解,从仪式举行开始,就伴随着仪式教育,仪式本身自出现之时就同时成为一种教育的手段或方式,蕴含着十分丰富的教育功能与教育意义。高校大学生思政教育体系中,仪式教育承担着行为层面的文化传承、整合与实践功能,与价值观念、意识形态等精神层面的教育相辅相成。仪式教育是保存记忆的有效途径,是呈现思想政治教育内容并丰富思政教育的载体,对大学生具有观念导向的功效。公安院校仪式教育,是表达、展现和传递人民警察的性质任务、职业特点、职业规范以及职业精神等内容,是学校思想政治教育必不可少的环节。因为公安院校担负着为公安机关培养高素质警务人才的任务,是培养人民警察队伍的源头和进口,与普通高校相比,在人才培养内容、标准和方式上更具有自身的特殊性。公安院校教育不仅是业务知识的传授和专业技能的培养,更多的是要加强警察理想信念的教育、公安职业道德的教育、执法价值取向的教育和人文精神的教育;它是逻辑起点和归宿最终要体现"忠诚警魂"的教育。公安仪式教育就是要以"忠诚警魂"教育为抓手、为主线、为核心。

二、仪式教育的特点及功能

(一)仪式教育的特点

1. 体现忠诚教育内涵的教育性、文化性特点

哲学人类学家兰德曼认为"文化与教育虽然不是一件事,但却无法分割"。③ 学校是有史以来,除家庭以外最重要的社会化的主体。公安院校的仪式教育是属于公安教育和为了公安教育的。公安院校是我国高校的重要组成部分,而大学又承担着文化传承的任务,公安院校理所当然肩负着文化传承的重任,特别是要传承好公安文化,打造公安文化软实力。仪式教育作为教育的一种手段和方式,在公安院校中是必不可少的环节。公安院校的仪式教育从主旨与内涵上也十分注重教育性与文化性,在仪式中传递价值观,在仪式中传承文化特

---

① 胡宝国.仪式教育在高校思想政治教育中的运用[J].思想理论教育,2009(9).
② 邓伟龙,尹素娥.仪式教育:当代大学生素质教育与和谐社会构建应当关注的问题[J].创新,2008(3).
③ [德]兰德曼.哲学人类学[M].彭富春,译.北京:中国工人出版社,1988.

质。如开学典礼就是一次再社会化的过程，在特殊的时空里，对角色定位进行再思考，并及时转变。而学校通过仪式就是要给予大学生一个更加积极的、更令人期待的行为模式与价值观念，让新生相信公安院校学生生活对将来的人生会更有意义。又如在毕业典礼上，通常以感恩教育、公安院校文化的弘扬、社会责任的担当为主题，通过标语、致辞等载体去体现。教育是文化的实现途径，而仪式则扮演实现手段的角色，而且更符合德育"隐性课程"的特点。

2. 体现忠诚教育形式的规模化、职业化特点

仪式作为一种教育手段，参与者一般是学生群体而非个体。就公安院校而言，从数量上来说，群体通常以班级、年级或是以所学专业区队为单位，例如治安专业、侦查专业等，也可能是全体学生，如开学典礼仪式、入警宣誓仪式；从群体属性上讲，通常以某一类特殊身份群体的形态出现，如党员群体入党宣誓、团员群体入团宣誓。参加仪式的人少则几十人，多则上百人、上千人，甚至上万人，这样就具有规模化特点。公安院校仪式教育的组织者希望通过大规模的学生集聚，再经过组织者通过一定的程序、有序的组织达到教育目的，对参与的学生进行集体教育，希望产生普遍的教育效果，在组织目标上追求统一行动。而上述又必须围绕公安工作和警察职业特点来进行，所以具有很强的职业化特点；学生被各种公安仪式熏陶，教育者的教育理念被批量传播、灌输到参与仪式的受众之中，或完全按照组织者的意图进行思想植入。

公安院校学生参加仪式教育

（来源：中国警察网）

3. 体现教育规律的时效性、周期性特点

公安院校的仪式始终按照院校教育教学规律进行，与时代发展同呼吸、共命运，并且紧密结合国家、社会和公安工作以及警务实战的实际，同时还要紧密结合

院校工作、生活的时序来安排。比如,结合建党日开展忠于党的主题教育仪式,九月的开学仪式(同时还伴随着军训有关的仪式),结合"12·4"宪法纪念日开展忠于法律的主题教育活动等,再加上学校的校庆、投放许愿瓶仪式、毕业典礼相关仪式等。仪式的规律常常与这些标志性的日子保持同步,并且是年复一年,迎接新生、送走毕业生,周而复始。有学者把仪式看作"人类基本生存技术"①,认为仪式行为的持久重复性意义在于可以将知识与信息多次重复地发出去;而周期性的仪式可以用来加强集体记忆。公安院校的仪式一般以年为周期,稍长的以五年、十年为周期(比如校庆),稍短的以月或周为周期(比如升旗仪式),呈现出明显的时效性和周期性的特点。有些仪式甚至被制度化,不可或缺,如果缺少了会被视为不正常或不圆满,比如开学典礼、毕业典礼就不是可有可无的。

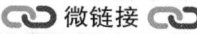

历览前贤国与家,成由勤俭破由奢。

——李商隐

 阅读窗

中国人民警察警旗

中国人民警察警旗是中国人民警察使用的标志,该警旗的旗面由红蓝两色组成,红色为主色调,蓝色为辅色调,呈长方形,中国人民警察警徽居旗帜左上角。

2020年8月26日,中共中央批准的中国人民警察警旗式样正式公布。

中国人民警察警旗红色体现党对人民警察队伍的绝对领导、全面领导,彰显人民警察队伍绝对忠诚、绝对纯洁、绝对可靠的政治本色;蓝色凸显人民警察的职业特征,代表人民警察对平安的守护。

(二)仪式教育的功能

1. 角色转变与重新定位功能

公安院校担负着为公安机关培养高素质应用型、复合型警务人才的任务,与普

---

① 郭于华.仪式与社会变迁[M].北京:社会科学文献出版社,2000:199.

通高校相比，在人才培养内容、标准和方式上更具有自身的特殊性。公安院校的仪式教育，表达、展现和传递着人民警察的性质、宗旨、职责、任务、职业特点、职业意识、职业道德以及职业精神等内容，是公安院校思政教育必不可少的环节。

> **微链接**
>
> 凡事都要脚踏实地去做，不驰于空想，不骛于虚声，而惟以求真的态度做踏实的功夫。以此态度求学，则真理可明；以此态度做事，则功业可就。
>
> ——李大钊

公安院校的教育领导者、管理者和施教者，首先要让跨进学校大门的学生回答好这两个问题：一是我是谁，为了谁，依靠谁；二是为何从警，如何从警，如何过好学校生活，迈好从警第一步，完成好由时代青年到公安院校学生的转变，由公安院校学生到人民警察的转变，同时在完成转变的过程中重新定位自己的角色，对自身重新加以认识，最后完全转变为人民民主专政的工具、党和人民的"刀把子"。公安院校作为培养教育人民警察的源头，可谓是重任在肩，所以应当在一系列生动而有意义的仪式教育中，引发学生来自心灵深处的对警察身份的自我认知、认可并认同，自觉地以公安院校学生和人民警察的标准激励和要求自己。英国人类学家威廉·戈尔丁认为："在任何社会中，个体的生命都是从一个年龄阶段到另一个年龄阶段，从一种职业群体到另一种职业群体的系列通过。典礼的基本目的就是使个体能够从一个明确的社会地位到达另一个界定同样十分明确的社会地位。"[①]比如，以上海公安学院新生入校后授衔宣誓仪式为例，它是对新生身份转换的正式确认，通过此种仪式，目的十分明确，就是要传递、告知参加仪式的所有学生，从此时此刻起，他们不再是普通百姓了，角色身份有了显著变化，角色定位重新正式开始。通过宣誓，穿上警服，佩戴上警衔，头顶国徽，学生们获得的是深切的心理体验，思想和灵魂进一步得到升华，"我是一名公安院校学生"的认知得到强化，身份从此转变，并按新的标准要求自己，为在公安院校学习乃至今后公安工作打下坚实基础。

2. 道德教育与价值认同功能

仪式教育不同于日常的德育工作，但又是德育的必要表现形式，如果缺少仪式教育，院校的整体教育就显得并不完整，所以说不但必要而且重要。无论是道德生活还是道德教育，其功能之一就是学会思考重要的问题——生活意义的求

---

① 岳永逸.范·根纳普及其《通过仪礼》[J].民俗研究,2008(1).

索和生存质量的提升。作为道德生活的一部分、道德教育的手段,仪式强调秩序、伦理,强调价值观的共享性。仪式不仅为个体行为提供道德约束,还为群体提供共同的道德目标和价值基础。礼仪是道德的表现形式,是蕴含伦理学意义的"仪";仪式是表现礼仪的载体,是礼仪的表现形式。仪式作为道德教育的手段,可以唤醒沉睡在学生心灵深处的道德意识,可以通过告诫进行道德纠偏,可以通过号召产生道德激励的效果。仪式教育追求的是共享人生观、价值观、道德观,是道德教育的一种手段,在教育活动中起着思想引领和精神引导的作用,具有明显的内容规定性和思想指向性。

公安院校大学生思政教育,其主要内容就是开展以"忠诚警魂"教育为主线的人民警察核心价值观教育,使学生树立正确的从警观,打牢听党指挥、忠于祖国、秉公执法、服务人民的思想基础,在建设中国特色社会主义道路上勇挑重担、敢于负责,扮演好共和国"忠诚卫士"角色。从实施过程来看,仪式教育在特定的氛围中,使受教育者对教育内容、形式与方法普遍接受并认知、认同,从而实现教育目标,对学生的成长成才产生积极而深远的影响。

3. 行为导向与情绪激励功能

仪式活动一般都有严格的规范性,对受教育者会产生强有力的行为导向作用,使不同受众自觉不自觉地产生目标与行为趋同。公安院校学生虽不同于其他普通高校学生,但他们同样来自普通中学或大学,与普通大学生有着相同或相似的学习经历和社会环境,有着许多相同的特点。公安院校大学生总体上是积极、健康、向上的,但也有一些学生不同程度地存在理想迷茫、道德缺失、行为失范等问题,日常的学习、生活习惯有待养成,与公安院校大学生和人民警察的要求还有不少差距。因此,通过仪式的规范导向作用,引导学生积极、主动地参与仪式教育实践,感受、体验并身体力行仪式所彰显的目标追求,形成良好而稳固的行为习惯和行为方式,这不但契合了公安院校思政教育的要求,也正契合了公安院校警务化管理的要求,反映了仪式教育在公安院校思政教育和人才培养中的重要作用。

同时在这种行为导向教育的过程中,这一过程本身也明显地表现出情绪激励功能。因为,仪式常常会创造出不同的情绪体验。"在众多人群形成的'情绪场'中,这样的心理感受才会显得与平素不同",[1]让参与者获得平常无法获得的

---

[1] 倪辉.职业院校仪式教育的形态、特点及功能——基于道德教育的视角[J].江苏教育研究,2013(12).

情绪体验和情感升华。仪式不同于日常的思想政治教育形式，仪式可以营造庄重、崇高的教育情境。另外，仪式环境中特殊的色调、标语、音乐、装饰、布局、空间位置等都有助于孕育特殊的情绪，它通过参与者产生不同的情绪体验，达到外部激励与自我激励的统一。公安院校通常举行的授衔仪式、入警宣誓仪式、安保活动出征仪式等都具有公安职业特点，在仪式中所展示的特殊场景、动作、语言、标语、标识、警乐、警用装备器械等，具有强烈的象征意义和情绪激励作用。公安院校这种程式规范、动作整齐、气氛庄严、意蕴深刻的仪式教育特点，都有助于营造公安院校特有的氛围，身处这种氛围必会获得不同寻常的情绪体验和情感升华，使学生得到思想熏陶和精神激励。正如著名教育家苏霍姆林斯基所说："只有能够激发学生去进行自我教育的教育，才是真正的教育。"①

三、仪式教育的范式与案例——上海公安学院的探索与实践

有学者认为："由仪式所塑造和唤起的情感体验能够长期凝结在群体和个体的内心深处，能给参加者反复回味和再体验，并作为一种源动力固定下来。"②就公安院校而言，仪式是指在院校教育的各个阶段，结合公安工作和思政教育目标进行的制度安排，包括开学典礼、入警仪式、重大安保活动宣誓仪式、忠诚宣誓仪式等具有鲜明公安特色的教育，有利于规范和激励学生的忠诚观，从而强化教育效果。

就全国公安院校而言，仪式教育早已被广泛运用，并不是新鲜事物，各公安院校也都紧密结合党情、国情、社情和校情，呈现出独特的公安院校特色。近年来，上海公安学院在加强大学生思政教育过程中，创新思想政治教育内容和载体，仪式教育活动渐趋规范化、制度化、常态化，初步形成了系列化、项目化、品牌化的公安院校仪式教育特色。

（一）三大系列仪式教育活动

1. 入学教育系列活动

开学典礼旨在让每一个学生刚刚到校时即对学校产生认同，形成自我身份认定，有归属感，并加快角色转变。公安院校大学生是未来公安机关的生力军，是培养合格人民警察的"水龙头"和"总开关"。新生入学既是公安院校学习的开始，也意味着迈开了从警生涯的第一步，抓好开头、打牢基础就显得非常重要。

---

① 苏霍姆林斯基.少年的教育和自我教育[M].姜励群，等译.北京:北京出版社,1984.
② 胡宝国.仪式教育在高校思想政治教育中的运用[J].思想理论教育,2009(9).

从 2015 年开始,学校党委对新生入学教育进行全方位重新设计,新生入学教育训练时间为四周,内容分为三部分:一是公安思政教育。由校党委班子成员分别给学生作时事政治、警务化管理、警察意识、人民警察核心价值观等人民警察思政教育,同时开展"启航、挑战、淬炼和蜕变"警务专题宣传板报设计比赛。二是军事训练。由学管处负责牵头组织,对新生进行高标准、高强度的军事训练和警务技能基本功训练,组织学习条例条令和规章制度,明晰学校教学和管理的基本要求,规范内务和日常养成。三是入警宣誓教育。主要开展新生授衔仪式教育、"光荣与梦想"演讲比赛,入学教育即将结束时举行家长开放日活动。

> **微链接**
>
> 广大青年一定要矢志艰苦奋斗。人类的美好理想,都不可能唾手可得,都离不开筚路蓝缕、手胼足胝的艰苦奋斗。
>
> ——习近平

独具警察特色的公安院校入学教育训练对刚刚迈入学校的学生成长成才产生了积极而又深远的影响,同时,使家长为之深受感动并获得家长的高度赞许。

2. 颁奖典礼系列教育活动

荣誉教育有利于学生树立正确的荣誉观,激励学生积极进取、奋发向上,引导和强化学生的价值观和行为方式,从而促进学生的全面发展。公安院校历来重视荣誉教育。近几年来,学校以仪式教育为切入点,探索学生荣誉教育的新途径、新方法,做到重大活动有奖励,并组织不同层级的颁奖典礼系列教育。颁奖典礼上,校领导、部门领导或教官教师代表宣读颁奖词,学生代表发言,通过这一形式集中展示学生的精神风采,使学生个个形成崇尚荣誉、创先争优、昂扬向上的校园文化氛围。

3. 毕业典礼系列教育活动

毕业阶段是学生从学校走向社会、从预备警官成为人民警察的重要阶段。毕业阶段仪式教育的重点是教育引导学生感恩学校、牢记使命、奉献公安、报效社会,旨在让每一个学生在离开学校的时候,回顾学校生活,感恩教师的辛勤付出,坚定人生的远大理想,增强自身的社会责任感。毕业阶段开展的仪式教育活动主要有:毕业典礼仪式、走从警路仪式、学校忠诚广场宣誓仪式、埋放许愿瓶仪式以及离校欢送仪式等。毕业典礼庄严隆重,主要议程有:表彰优秀毕业生、颁发毕业证书、教师和学生代表发言、学生向教师代表献花、校长讲话等。毕业仪式教育系列活动形式灵活多样,内容丰富多彩,主要是要充分展示公安大学生即将踏上岗位前的青春激情和感恩奋进的正能量。

(二) 五类专题仪式教育活动

1. "四个结合"仪式

结合建党日开展忠于党的教育活动,结合国庆日开展忠于祖国的教育活动,结合每年三月的爱民月活动开展忠于人民的教育活动,结合"12·4"宪法纪念日开展忠于法律的主题教育活动。例如,结合国庆日开展忠于祖国的教育活动中,不单单是指10月1日,这只是一个象征性的提法,主要目的是将忠于祖国教育常态化、制度化。学校每周举行一次"爱我中华"升国旗仪式,是贯穿全年的经常性教育活动,是对学生进行爱国主义教育的重要形式。同时一般重大集会活动中都会有升国旗、唱国歌的程序安排,而专门的升旗仪式是公安院校思政教育的重要载体,在特定时间,完全围绕升国旗这个主要环节举行,是学校生活中极其庄严隆重的集体活动之一。

2. "扬我警威"誓师大会及出征仪式

誓师大会和出征仪式可以激发学生热情,增强责任感、使命感和完成任务的信心、决心。上海作为国际大都市,大型文体活动相对较多,对应的活动安保任务也就较多。例如,2010年上海世博会安保、2014年上海"亚信"峰会安保、2015年世界"花滑"安保,以及每年例行组织的各种大型艺术节、体育赛事的安保等,学校都举行誓师大会或出征仪式,用以鼓舞士气,提振精神,圆满地完成了各项任务,取得了优异的成绩。

3. "走进社会"社会实践(公安实战)启动仪式

举办社会实践启动仪式有利于学生提高对社会实践重要性的认识,自觉地了解社会、了解国情,增长才干、锻炼能力,奉献社会、增强社会责任感,克服消极、被动的不良现象。上海作为全国著名的旅游文化城市,很多景点或场馆客流都较大,并且以外省市旅游者居多,学院坚持利用节假日组织学生开展志愿服务活动、学雷锋服务以及"假日治安"和重大专项安保活动,以此为途径走入社会,而在每次活动特别是重大活动之前都要举行启动仪式。

🔗 微链接 🔗

只有人们的社会实践,才是人们对于外界认识的真理性的标准。真理的标准只能是社会的实践。

——毛泽东

4. "文化育人"社团文体活动开闭幕仪式

学校每年举行校园文化节、社团文化节、师生摄影节以及学生运动会素质拓展比赛等活动,举办隆重而简朴的开闭幕仪式,旨在提高仪式活动的思想教育和人文教育的意义。这对于充分发挥文化育人、文化育警的作用,既是必要的,也是重要的。

5. "薪火相传"节日庆祝纪念仪式

学校以元旦、清明节、青年节、国庆、校庆等节日为关节点,举行相关庆祝活动或纪念仪式,传播文化思想、传承学校精神、缅怀公安英烈、激励广大学生。特别是每年清明节在学校忠诚广场或到上海市烈士陵园举行缅怀英烈仪式,通过特定情境的营造,可以有效地凝聚精神力量,激励学生传承和弘扬优良传统,担当起应该担当的历史责任,努力使自己成为新时代合格的人民警察。

第四节 人民警察忠诚教育的必要环节——岗位实践

一、概念界定

（一）实践的本质

"实践"在《现代汉语词典》中的意思是指"人们改造自然和改造社会的有意识的活动"。所谓实践出真知则是其简明概括。一代伟人毛泽东认为,实践即社会实践,即广义上所说的人类能动地改造自然和社会的全部活动,表现为生产劳动、政治变革(阶级斗争)和科学实验三大领域的活动。实践的思维方式是马克思主义哲学的根本特征,有学者认为,马克思主义的实践观是将人们改造客观世界的一切活动作为研究对象。"实践是客观的物质性活动;实践是有目的的能动性活动;实践是社会性历史性的活动。"① 实践包括生产实践活动、处理社会关系的实践活动、科学实验活动三种基本形式。马克思认为:"社会生活在本质上是实践的。凡是把理论导致神秘主义方面去的神秘东西,都能在人的实践中以及对这个实践的理解中得到合理的解决。"对于实践,马克思主义哲学的原理是,不仅要从"客观的活动"去理解,而且要从"主体的方面"去理解,把"主体"和实践联

---

① 胡春雷.论马克思主义的实践精神[D].济南:山东大学,2010.

系起来。实践就是"人的自由自觉的活动",这就肯定了主体的能动性;同时,实践又是真正现实的感性的活动,这又否定了抽象能动性,把人与自然、主体与客体、思维与存在、主观与客观、合目的性与合规律性等关系在实践基础上统一了起来。

(二) 实践的哲学意蕴

就社会发展动力及其机制而言,从马克思、列宁、斯大林到毛泽东一脉相承的实践观,均认为生产力是人们解决人与自然、人与社会矛盾的实践能力,是人类认识和改造自然与社会并使其适应人类需要的实践力量。马克思研究生产力的出发点是从事实践活动的人,生产力彰显的是实现人类目的的活动能力。人从事物质和精神生产活动,既是主体与客体之间的物质和信息的变换过程,又是主客体之间的物质与观念的变换过程。显然,马克思将客观性、自主性、创造性和现实性统一起来的前提就是放之于人类的实践活动中。若要真正提升人们在物质生产、科学技术、发明研究等实践领域的积极性,社会层面应该营造相应的制度环境和一套相对完善的激励机制,使人们对未来充满期待,追求创新和变革的实践以推动社会进步。马克思主义实践观要求我们:想问题办事情一定要坚持实践第一的原则,坚持在实践中深化认识,提升认识,发展认识。以此思路破解教学低效益的困境,就应该用马克思主义哲学的实践观看待思想政治理论教育体系中各门课程的课程方向和课程标准,在考虑营造制度环境与激励机制上着力,关注教育教学内容与相关的社会实践的内在统一性关系,即以教学内容的观念形态反映相关的社会实践,其中在实践过程中的检验可以提炼升华为理论,同时,理论也在指导实践中验证其客观真理性。

二、岗位实践的样态分析

大学生社会实践,是高校教育从"课堂教学"延伸到"社会教育"的主要措施,是大学生从"学校人"到"社会人"过渡的重要环节。公安院校不但遵循着普通高校对学生社会实践的要求,而且还在实践中构建了符合公安工作特点,公安院校育人特色和大学生成长成才相结合的实习、实训、实战等多种实践样态。上海公安学院在岗位实践方面,经过多年的办学育人的探索与实践,岗位实践主要可以简要地概括为以下"四实"。

(一) 实验——课堂教学中的岗位实践

公安院校作为普通高校的重要组成部分,在某些学科或课程中,除了需要掌握"理论"外,还会涉及"实验"课程,它不但是科学研究的基本方法之一,而且也是某种岗位实践的表现样态。一些基础课,比如物理、化学、心理等学科,或公安专业课,比如侦查学、刑事科学与技术等课程都会涉及实验课。这是学生在学习的过程中,了解、掌握相应知识而必须采取的一个重要学习方面,是与"理论"学习相对应的。不但可以通过实验来巩固相关知识和对某些事物的认知,而且在"实验"的过程中,本身还可以培养学生严谨细致的工作作风、忠于职业的道德操守,即忠诚教育体现在学生的实验课过程中,体现在课程和学科建设中。实验课也是课程思政的重要载体,因此,实验课自然有其重要性。其主要特征表现在,参与实验的学生,通过实验课的学习与实践,将动脑与动手有机结合起来,将本专业与实验结合起来。

(二) 实习——实践学习中的岗位实践

顾名思义,实习就是在实践中学习。因为任何知识源于实践,归于实践,所以要付诸实践来检验所学,所以,"实习"是岗位实践中的一个重要样态。从青年人成长成才的视角来看,实习有助于学生形成正确的事业观。在实习中通过亲身体验、榜样示范、反思反省、启发点拨等形式,通过在实习中的所见、所闻、所思,对学生自身成长的影响则更为具体、深刻,从而可以通过"实习"引导他们理解当前经济社会发展进程中和人民群众对新型警务技能技术人才的需求。从职业发展的视角来看,实习有助于学生提升职业素养。对于处于职业准备期的公安院校学生而言,需要在实习活动中通过具体工作岗位,开展具有公安工作和公安队伍建设特点的岗位实习、过程参与、调查研究、细致观察、工作交流等形式帮助学生逐步了解当前社会和自身职业、认清自己的社会位置、反思自己的素质不足,帮助学生逐步开阔视野、增长才干、提升职业素养、积累职业经验,努力为成为合格的新型警务技能技术人才做好身体、心理和经验等方面的准备。就公安院校而言,学生实习是公安院校教育教学的重要环节,基本目标是促进学生发展,为其将来成为新型警务人才,特别是将来进入实际工作岗位后,在较短时间独当一面开展工作奠定基础,为其自身职业生存奠定根基。

其主要特点与"实验"的不同在于,"实习"需要走出校园,并且多数情况下是与具体工作岗位相结合的,实习内容比较广泛,可以涉及多个警种岗位,也不一定和学生本身专业相对应。而上述两个方面,也是"实习"作为一种岗位实践样态重要性的体现。

（三）实训——警务训练中的岗位实践

实训是指基础课或专业基础课或专业课有关（警务）技术技能实际训练的简称，是指在学校控制状态下，按照人才培养目标和方案，以理论为指导，以训练为主导，对学生进行相关技术技能训练的过程。实训不仅包括理论课程的学习，还包括实践培训的学习，侧重于学习者动手操作能力。就公安院校学生实训而言，实训是公安院校通过模拟实际工作环境，理论教学结合专业实践，提高学生专业技能、实践经验、工作方法、团队精神的实践过程。它的主要特点在于，实训既可以在校内开展，也可在校外开展，但通常以在校内开展为主，这是与实习有着显著区别的。

实训可以让学生更好地适应社会环境。我们不仅需要为学生提供更多警种岗位锻炼的机会，还需大力加强学生相关技术技能的培训或训练，帮助学生尽快完成从校园到社会、从课堂到岗位的心理调整和角色转变，尽快融入新的工作环境中，发挥自己的专长，实现自己的价值，为国家和社会多做贡献。

（四）实战——实际任务中的岗位实践

实战表现在公安工作中，是以真实的专项任务为驱动导向，并在完成真实的具体的专项任务中产生相应的结果的行为。例如，全警实战大练兵，在各种不同警种岗位上以具体的工作任务为驱动，同时产生相应的工作结果或效果。再如，进博会、节假日专项安保工作任务中，则表现在完成真实的具体的专项安保工作任务的过程中，以达到是否圆满顺利为标志来检验实战结果或效果。公安院校主要是培养应用型警务人才，培养的人才是以公安实践工作需求为主导的，以专业能力发展建设为目标，而一切技术技能多源于实践，技术技能训练的过程就是专业能力发展和提升的过程。警务实战技术技能教学是公安院校教育教学的重要组成部分，学生的警务实战技术技能水平的高低关系着公安队伍的素质提升。

另外，公安工作的特点决定了公安工作中一种常态化的实战训练方式——实战化训练，即以实战为导向的训练，借用一句军事术语，"仗怎么打，兵就怎么练"。公安院校学生实战能力，就是他们在自身所掌握警务知识和技能的基础上，对实际问题进行有效解决的能力展现。学生实战能力包含两方面，即有形的和无形的，技术技能为有形的体现，而表现出的精气神则为无形的体现。有形和无形能力综合形成，才能确保公安院校应用型警务人才培养目标的良好实现，这同时也是显性教育与隐性教育有机结合的最佳实现状态。

阅读窗

实习、实训、实战中的校局合作

校局合作是我国深化公安教育高质量发展,提高新型警务人才的有效手段。上海公安学院多年以来,一直在不断深化校局合作模式,合作的双方都取得了双赢的显著效果。也正是这样的原因,推动了学校和各公安分局(基层所队)之间就警务人才在实习、实训和实战等多领域的相互合作。通过校局合作的方式为学生开展实习、实训和实战,不仅可以提高学生的实习、实训质量,增强学生的警务技术技能,检验学生专业学习效果,也有利于学校了解局内对警务人才的实际需求,还有利于局内更精准地找到适合自身发展和满足自身岗位需求的警务人才。校局合作有针对性地开展实习、实训工作,不仅对学校来说有很多优势,对局内来说也可以创造一定的价值。通过校局合作的模式,加强学生对公安基层所队的了解,提高学生在工作过程中的归属感、使命感、荣誉感,十分必要。

三、岗位实践与公安院校学生全面成才

(一) 岗位实践有助于提升学生的思想政治素质

思想政治素质是人的所有素质中最为重要的素质,在大学生的综合素质中具有首要地位和决定性作用。良好的思想政治素质的形成,关键时期就在于青年时期。"人的思想政治品德的形成和发展规律,是在社会实践的基础上,在客观外界条件的决定性影响与在这种影响下形成的主观内部因素的调节交互作用过程中,内外部因素相互平衡、相互协调的主体内在矛盾运动转化规律。"[①]人的思想政治素质不是与生俱来的,最根本的是在后天的社会环境影响下形成的。

公安院校"00后"学生成长于市场经济确立后,他们经历的是中国经济快速增长、社会生活日趋好转的过程,没有付出先辈的艰辛,却享受改革开放的成果。随着对外开放的不断推进,社会主义市场经济的深入发展,我国社会经济成分、组织形式、就业方式、利益关系和分配方式日益多样化,人们思想活动的独立性、选择性、多变性和差异性日益增强。这有利于学生树立

---

① 邱伟光.思想政治教育学原理[M].北京:高等教育出版社,1999:98.

自强意识、创新意识、成才意识、创业意识,同时也带来一些不容忽视的负面影响。经受过岗位实践锻炼的学生,对社会上的错误思潮有较好的分辨和对比认识,岗位实践能使学生在诸如社会主义制度的优越性、个人与社会的依存关系、社会活动的组织与纪律等一系列原则问题上有较为深刻的领悟,内心深处坚定对马克思主义的信仰和对社会主义的信念,在实践中培养道德责任感,获得道德体验。学生在实践中能切实地感受到自己的责任与使命,并逐步内化为职业操守,从而实现知与行统一,最终形成较高的思想政治觉悟。

(二)岗位实践有助于提高学生的科学文化素质和能力素质

当下许多用人单位对学生缺乏实践能力颇有微词,而参加社会实践是改进这一状况的重要途径。实际上,个人从掌握知识到形成能力,其间一定要有技能为中介,而技能的获取又必须通过实践活动——其中既有侧重动作技能的躯体实践活动,也有侧重心智技能的大脑实践活动。高校思政课教学侧重于培养学生的智能素质。在智能素质中,思维具有核心作用。但是在理论和课堂教学中,学生的思维特征容易产生某些偏斜:在思维品质上,理论教学容易淡化思维的实用目的性,课堂讲授容易减弱思维的批判性,分科教学容易忽视思维的综合性;在思维形态上,理工科学生比较重抽象思维而缺乏形象思维,比较重形式逻辑思维而缺乏辩证逻辑思维,比较遵循既定的思维程式而缺乏直觉,而文科与艺术类学生的思维形态往往有相反方向的偏斜;在思维形式上,传统教学方法容易偏重收敛思维而轻视发散思维,偏重思维的确定性而轻视思维的相对性;在社会性问题上,又有偏于超前思维而忽略后馈思维的趋势。上述种种思维素质的偏斜有待于教育改革的持续优化。

(三)岗位实践有助于强化学生的身体素质

我国多数高等学校设立于大中城市,各种公用事业都比较完善,可达一般舒适与便利的水平。但是大学毕业后的未来职业岗位,尤其是生产建设第一线的基层厂矿或乡镇,却未必具备上述条件,这一方面固然是因为生产力水平低,国家还不富裕,发展也不平衡,另一方面也是由工作性质本身决定的。就全国公安院校布局而言,可以说绝大部分公安院校都设立在省会城市、大城市,甚至是超大城市。随着改革开放的不断深化,经济社会不断发展,城镇化已是大势所趋,而城市又相应承担了很多功能,这便利了各种经济的、政治的、文化的、体育的重大活动在城市组织和开展,同时,这种组织、开展可能会更频繁。例如,国际性大都市上海,仅承担的节假日的安保工作和重大会议、活动的专项安保任务就比较繁重,这就要求公安院校学生具有强壮的体格、健全的人格、持久的耐力。岗位实践虽然是短期间的,但学生毕竟身临其境,人在其位,能够切实地感受到那种条件差而任务重、生活苦而工作累、难度大而时间紧的未来岗位多么需要劳动者拥有一副强健的体魄。所以,社会实践不但锻炼和检验学生的身体素质,而且以其客观的社会现实教育学生,使之提高对增强体质的必要性与迫切性的认识,从而更自觉地为此付出努力。

（四）岗位实践有助于促进学生社会角色的转变,加速其社会化的进程

学生通过岗位实践,可提高其社会化程度,提高他们对社会的认识水平和社会适应能力,使其掌握必要的进入社会角色的知识和技能,从而为其从学校走向社会打下必要而良好的基础。作为学生社会化的有效途径,学生社会实践在如何使学校教育与未来社会发展相适应,怎样在有限的学校教育时间里使学生逐步完成社会角色的转变、加强社会教化、顺利实现社会化等方面,有着十分重要的作用。

通过社会实践,学生可以应用自己所学到的书本知识去解决实际问题,为当地的经济社会发展提供扎实有效的服务。社会现实生活为理论知识的运用提供了广阔的天地,他们完全可以尝试在广阔天地里施展自己的才华,从而获取新的感受和体会,以提高知识应用能力,为社会创造财富。而这些,正是校园课堂所难提供的,学生在社会实践过程中运用所学知识解决实际问题,不仅能增强自己的学习信心,更重要的是对社会作出贡献,很好地实现自己的社会价值。

四、岗位实践的主要做法和效果呈现

著名教育家杜威认为,教育的社会目的是培养出适合社会生活需要的人,这是教育的归宿。[①] 实验、实习、实训、实战作为公安院校教育训练必不可少的重要组成部分,是公安工作内在要求所决定的,是公安工作高质量发展所决定的,是培养新型警务人才尽快适应工作岗位所决定的,有助于实现公安院校的教学、科研工作与公安部门的实战工作无缝融合、彼此促进,有助于提高学生的职业素养和专业技能,培育良好的警察职业精神,还有助于公安院校师资队伍的教学能

---

① 乌蓓华.从杜威的教学思想到研究型课程的思考[J].中国电化教育,2003(1).

力的显著提高等。以上海公安学院为例（以下简称学院），长期以来，学院在重视学生理论学习的同时，十分重视大学生的实践能力的培养，结合学院办学育人实际，充分发挥实验、实习、实训、实战育人的功能与作用，其主要做法不但遵循着公安工作的特点，还具有鲜明的地方特色，多年来，久久为功，收到了显著效果。

（一）日常教学中的岗位实践

以学院网络安全与执法专业为例，为适应智警时代智慧城市建设和学院建本升级发展需要，形成"发挥复旦学科优势、满足公安实战需求、体现本科专科差异"的课程群，进一步提高网络安全与执法专业教学水平和警务人才培养质量，2020年1月，学院与复旦大学签订合作协议，组织网络安全与执法本科专业学生和大数据专业（方向）第二专科学生分别赴复旦大学参加一学年和一学期学习。特别是在实验课方面，共担实验教学。复旦大学在充分了解学院学生学情及前置后置课程、实验实训课程等基本情况后，择优选派了相关课程教学和研究领域的中坚骨干教师，并为学院学生开放学习科研所需的实验室、图书馆等场所，确保学院学生共享复旦优质教学科研资源。

（二）各工作警种的岗位实践

以学院交通管理专业岗位为例，学院交通管理专业在加快推进数字城市建设和"一平台三体系"新型现代警务机制框架下，积极构建智能交通安全管理体系，坚持"对接实战、融入实战、服务实战"，积极加强专业建设与公安实战紧密衔接。一是紧密对接实战，进一步提升教战融合力度，比如，及时编撰聚焦"智慧交通"系统场景应用的案例集，精准提供"一点一方案"的执法执勤指引，深度开发"虚拟仿真"的沉浸式实训科目等；二是深度融入实战，进一步提升教学练兵效度，主要表现在"场景应用"赋能"智慧教学"，"线上教学"助力"战疫实训"，"智慧练兵"助推"能力提升"等；三是主动服务实战，进一步提升智力支撑强度，采取的主要举措如加强道路交通管理前沿研究，全力融入条线实战大练兵，积极充实交警岗位培训课程库等。

（三）假期中的岗位实践

为充分发挥实践教学积极作用，帮助学生通过实习实践亲身体悟公安工作、磨砺意志品质、提升业务素质，在市局相关部门和分局的大力支持下，每学年利用寒暑假，组织全体学生深入各公安分局的基层所队开展基层实习锻炼。例如，每年的暑期，学院都组织所有本科、第二专科学生近2000名分赴市局刑侦、经侦、特警总队、数据处及黄浦、徐汇、长宁、静安、普陀、闵行、嘉定等分局的21个实习基地、300多个实习点参加暑期实习实践。学生在治安巡逻、防范宣传、110接处警、交通管理等多个岗位参与基层一线执法执勤和社会服务的同时，亲身体验、感悟当前智慧公安建设的磅礴伟力，进一步强化了警察意识，开阔了学习眼界，提升了业务本领，积累了实战经验，更加坚定了投身公安事业的信念和决心，得到实习单位广泛好评。

（四）专项安保任务中的岗位实践

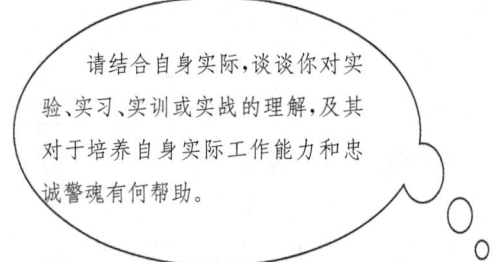

请结合自身实际，谈谈你对实验、实习、实训或实战的理解，及其对于培养自身实际工作能力和忠诚警魂有何帮助。

上海作为国际性大都市，承担着大量的专项安保工作任务，例如，节假日的专项安保，特殊纪念活动的专项安保，重大文化、体育、经济活动的专项安保等。学院组织广大学生参加专项安保工作，让学生在实战中进一步提升自身的专业能力，在忠诚履职中进一步砥砺意志品质，并喊出响亮的口号——平安有我"战青春"。例如，学院组织学生圆满完成国庆安保增援参战任务。学生在实战岗位上具体承担了人流疏导、叠加巡逻、服务群众等安保工作，经受了实战淬炼。学生投身一线实战，经受住超大客流、体能透支等严峻考验，在安保岗位上努力践行"人民公安为人民"的服务宗旨，有的值守路口为道路交通保驾护航，有的认真巡逻为困难群众排忧解难，有的热心服务为市民游客指路答疑，得到了受援单位和市民群众的广泛好评。自2018年第一届进博会在上海举办以来，学生尽职尽责，有的全力做好要人警卫任务，有的在巡逻中拾金不昧，有的及时化解现场突发警情，有的坚持上岗执勤轻伤不下火线，展现了公安院校学生的优良风采。

（五）在思政课中开展"红色行走"，传承岗位实践的红色基因

在"大思政课"的背景下，学院思想政治教研部充分发挥思政课实践育人的功能与作用，采取多种形式和途径，组织学生开展"红色行走"线上线下相结合的实践育人"大思政课"，教育引导学生坚定理想信念，传承红色基因，筑牢忠诚警魂。学院思想政治教研部充分挖掘上海地区丰富的革命传统教育红色资源，深化课程思政改革，探索开展"红色行走"思政实践教学新模式，让思政课从校内走向校外。每学年组织学生利用节假日、双休日，分别探访中共一大纪念馆、陈云纪念馆等一大批革命遗址旧址和红色革命纪念馆。通过参加"红色行走"活动，学生重温了党的初心和使命、革命理想和宗旨，进一步坚定了入警动机，增强了

从警的责任感、使命感和荣誉感。同时,《新民晚报》"上海教育""警民直通车上海"等媒体平台纷纷宣传报道。

学生在历次的岗位实践中,忠诚履职,取得了骄人的战绩,受到了实验、实习、实训、实战单位的良好评价,成效显著。

✲ 案例回放——忠诚·警察故事

"今天我还是不休息"
——访"马天民"人物原型马人俊

上海,东汉阳路上一幢老式工房的501室。狭小客厅的墙上挂着一个硕大的镜框,里面镶着一张时隔久远的电影海报。海报画面简洁明快:右下方一只在那个年代随处可见的双铃马蹄表,中间一名身着洁白警服的青年民警正淳朴憨厚地微笑着,上面五个鲜红醒目的美术字:今天我休息。

不错,屋子的主人正是电影《今天我休息》中"马天民"的人物原型——现已73岁的马人俊。老人身板硬朗,思维敏捷,向记者说起了半个世纪前的故事。

1950年10月,还在学校读书的马人俊积极报名要求参军参加抗美援朝。当时,刚刚解放的上海治安复杂,百业待兴。为了加强公安工作,市公安局从中挑选了一批优秀青年充实队伍,就这样,马人俊成了上海公安学校第一期培训班的学员。1952年,他被调配到闸北公安分局芷江庙路派出所当户籍民警。他负责管辖的地区叫谈家湾,这里毗邻旧货市场,人员流动大,居住人员成分复杂,地区治安管理任务相当艰巨。凭着朴素的阶级感情,马人俊在工作岗位上一直默默地为人民服务:路泥泞了,他来铺路;屋子漏了,他来修补;有人病了,他去慰问;就连过路农民的小猪掉进河里,他也跳下去把它救起来。做了无数好事的马人俊最终赢得了居民们的充分信任。在广大居民的积极协助下,马人俊带枪昼夜巡逻在辖区的大街小巷,先后查获了70多名不法分子,为维护辖区稳定作出了突出贡献。

"那时要求户籍民警必须经常去街坊弄堂转悠,而且要做到两条:一条叫'听音知人',另一条叫'见人知情'。"

马人俊介绍说:"对民警的考核很简单,如果有居民来所里办事,所长就把管段民警叫到隔壁房间,让他凭声音报出那位居民的姓名和家庭情况,报得出就通过,报不出那你可就得加油了。"

1956年9月,公安部授予马人俊"一级英模"光荣称号,他出席了公安部的表彰大会。1959年,当时的上海海燕电影制片厂以马人俊为原型,拍摄了电影《今天我休息》;为了表达天天为人民服务的意思,电影中的主人公被取名为"马天民"。电影一经公映,立即红遍全国。从此,"马天民"成了中国模范民警的代名词,马人俊的事迹也为全国千千万万的观众所熟知。

说起党和国家给予自己的荣誉,沉浸在幸福回忆中的马人俊显得很自豪:"我曾经给周总理敬过酒,陪毛主席看过戏。"

1955年,马人俊出席了在北京召开的全国治安保卫功模大会,罗瑞卿同志在大会上点名表扬了马人俊,这使马人俊感到很光荣,但他没想到更幸福的事情还在后面。当公安部宴请出席"功模大会"的代表时,周总理出席了宴会,罗瑞卿不仅向周总理介绍了马人俊的情况,还让他给周总理敬了酒。晚上在中南海怀仁堂,代表们和中央领导一起观看评剧《春香传》,毛主席坐在第5排,罗瑞卿又特地把坐在第25排的马人俊调换到第6排,并把他介绍给毛主席,毛主席亲切地握住了马人俊的手。

在以后的日子里,马人俊仍然辛勤地工作在公安一线。然而,在"文革"浩劫中,马人俊被打成了"罗瑞卿树立的黑标兵",在遭受了多次批斗后,1966年底,他被"逐"出了公安机关,下放到奉贤县"五七"干校劳动,以后又被弄去一家工厂"战高温",参加繁重的体力劳动。

粉碎"四人帮"后,马人俊获得了"解放"。1978年他被调到上海市电器公司任党委组织部部长,1988年调任上海成套电器厂党委书记。马人俊虽然离开了公安系统,但他仍时刻以一个老党员、老先进、老民警的标准要求自己,"我是公安机关出来的,绝不能给公安机关丢脸"。这位兢兢业业的老模范此后又多次被评选为上海市优秀党员和区人大代表,直到1996年才光荣退休。

谈到如何在新时期做一名优秀民警时,马人俊认为,虽然当今的时代变了,形势变了,但人民警察全心全意为人民服务的观念不能变:对老百姓要真心,不能只做形式;对工作要真诚,不能弄虚作假;对自己要正直,不能表里不一。

在马人俊递给记者的名片上,他的单位和职务为:上海市百老德育讲师团讲师。马人俊告诉记者,自2001年开始,他参加了由五百多位老干部、老红军、老劳模、老专家、老教师、老艺术家等组成的百老讲师团,坚持和大家一起经常进学校、下社区、入军营、去工厂、到机关,通过讲述过去那些动人的故事,向青少年进行思想道德教育。复旦大学、上海外国语大学等六所高校还定期请老人去学校给学生们讲课,进行革命传统教育。

对如今的马人俊来说,"今天我休息"最好的诠释,依然还是"只要有人需要我,我就不休息"。他本人和那部以他为原型的电影,还在继续影响着后人。

(资料来源:刘建,《法制日报》2008年2月26日)

点评：20世纪60年代一部电影《今天我休息》，曾经在全国风靡一时，年龄大一些的人或许还记得电影的主角——那个助人为乐的民警马天民。在那个时代，"马天民"是中国模范警察的代名词，人民警察成为许多青年心目中向往的高尚职业，对今天的人民警察依然有着现实意义和实践价值。

【思考与实践】

1. 为什么说加强学习是进行人民警察忠诚教育的重要路径？

2. 课后寻找身边的榜样警察，并简要介绍榜样的典型事迹和为什么要寻找这名警察。要求：制作PPT课件，课件不少于两张该警察的照片和一段相关视频（时长1—2分钟）。

3. 请谈谈仪式教育给你的启发。

后　　记

本教材由上海公安学院思想政治教研部牵头，学院各部门给予了大力支持，学院学术委员会专家组成员对本教材给予了评审，提出了富有建设性的指导意见和修改建议，在此表示衷心的感谢。本教材还借鉴参考了公安思想政治教育领域和兄弟公安院校有关忠诚教育的相关资料和研究成果，在此一并表示衷心的感谢。本教材在韩勇同志的主持领导下组织编写，由赵杰英同志执行策划、指导并组织各章撰写，杨青、龚海燕同志统筹编写大纲和章节架构，陆俊青、汪强同志负责全书内容的审校，陆俊青同志撰写了绪论、第一章和第三章，伍阿陆同志撰写了第二章，汪强同志撰写了第四章和第七章，左杰同志撰写了第五章，郑凯同志撰写了第六章，参加审读并提出修改意见的同志还有杨竞超、陶言华、姚东升、赵现娟、祁余杰、徐旭毅。在此，对参与编写的各位老师的辛勤付出也表示衷心的感谢。

鉴于学识、水平有限，虽然在编写和统稿过程中编写组成员付出了较大努力，但难免存在缺点和不足之处，敬请专家、教师、教官以及广大学生多提宝贵意见。

本书编写组
2020 年 3 月

修 订 后 记

　　本教材自2020年出版以来，在公安院校忠诚教育教学中发挥了重要作用。为了进一步推动习近平新时代中国特色社会主义思想进教材、进课堂、进学生头脑，同时使教材更及时、更充分地反映党和国家对公安工作以及人民警察队伍的最新要求，本书编写组在广泛调研并充分吸收上海市教材委员会、上海市公安局等多位专家意见建议的基础上，组织师资对教材进行了修订。一是将二十大精神等党的最新理论创新成果，以及习近平总书记重要训词精神、《公安机关人民警察誓词》等近年来党和国家关于公安工作的最新理论方针政策编入教材。二是将最具时代性、代表性的公安先进人物事迹写进教材，让教材内容更新、更活、更立体，且更具公安行业特色。三是通过增加"阅读窗""二维码链接""云框图""思考与实践"等栏目，改变原来较为传统的教材呈现形式，使教材兼具思想性与可读性。四是查漏补缺，完善不足之处。

　　本次修订在韩勇同志的主持领导下进行。龚海燕同志统筹协调修改工作，陆俊青同志负责全书修订内容的统稿审校以及绪论的修订，姚东升同志负责第一章、第二章的修订，汪强同志负责第三章、第四章和第七章的修订，赵现娟同志负责第五章、第六章的修订，谢梦凡同志负责全书修订内容的汇总整理。此外，以下同志参与了部分栏目的修订：马晓琳同志负责"微链接"和案例更新，张昭同志负责"二维码链接"，孙梓翔同志负责撰写关于人民警察纪律工作的相关内容。

　　在此，对所有参与此次修订的各位老师表示诚挚的感谢。

本书编写组
2022年12月

图书在版编目(CIP)数据

人民警察忠诚教育概论 / 韩勇主编. — 上海:上海教育出版社, 2020.4
(2024.8重印)
ISBN 978-7-5444-9957-6

Ⅰ.①人… Ⅱ.①韩… Ⅲ.①警察－思想政治教育－中国－教材
Ⅳ.①D631.19

中国版本图书馆CIP数据核字(2020)第060273号

策划编辑　公雯雯
责任编辑　汪海清
特约编审　耿　坚　叶伟良
封面设计　王　捷

人民警察忠诚教育概论
韩　勇　主编

出版发行	上海教育出版社有限公司
官　　网	www.seph.com.cn
地　　址	上海市闵行区号景路159弄C座
邮　　编	201101
印　　刷	上海龙腾印务有限公司
开　　本	700×1000　1/16　印张 11.75
字　　数	198 千字
版　　次	2020年5月第1版
印　　次	2024年8月第3次印刷
书　　号	ISBN 978-7-5444-9957-6/G·8205
定　　价	50.00 元

如发现质量问题，读者可向本社调换　电话：021-64373213